ein Ullstein Buch

Vom selben Autor
in der Reihe der
Ullstein Bücher:

Agenten sind treue Feinde (1884)
Quadrille mit tödlichem Ausgang
(1909)

Ullstein Buch Nr. 1923
im Verlag Ullstein GmbH,
Frankfurt/M – Berlin – Wien
Titel der englischen
Originalausgabe:
Snowball
Übersetzt von Dr. Ursula Schottelins

Erstmals in deutscher Sprache

im Verlag Ullstein GmbH,
Frankfurt/M – Berlin – Wien
© 1974 by Ted Allbeury
Übersetzung © 1978 by
Verlag Ullstein GmbH,
Frankfurt/M – Berlin – Wien
Alle Rechte vorbehalten
Printed in Germany 1978
Umschlagfoto:
Photo Media, New York
Gesamtherstellung:
Ebner, Ulm
ISBN 3 548 01923 4

CIP-Kurztitelaufnahme
der Deutschen Bibliothek

Allbeury, Ted:
Operation Schneeball: Spionage-Thriller /
Ted Allbeury. [Übers. von
Ursula Schottelius]. –
Frankfurt/M, Berlin, Wien:
Ullstein, 1978. –
  (Ullstein-Bücher; Nr. 1923:
  Ullstein-Krimi)
  Einheitssacht: Snowball ‹dt.›
  ISBN 3-548-01923-4

Ted Allbeury

Operation Schneeball

Spionage-Thriller

ein Ullstein Buch

Für meine innig
geliebten Kinder
David, Kerry, Lisa
und Sally

1

Michèle Marlowe oder Ethel Bates – wie sie ihre Mutter gerufen hatte – war die stolze Besitzerin einer Oberweite von 96 cm, und im Augenblick etwas müde. Sie trat immer als letzte in der zweiten Spätvorstellung des Lotus-Striptease-Klubs auf, der vierte von der Ecke Soho Lane und Wardour Street aus gerechnet. Anders als bei ihren Kolleginnen im Showgeschäft war diese letzte Nummer nicht der Höhepunkt der Vorstellung, weil die wenigen letzten Gäste eigentlich mehr an einem freundlichen Beieinander als an den Künsten einer Nackttänzerin interessiert waren. Das soll nicht heißen, daß dienstfreie Portiers, Drogenhändler und das Gelichter von Soho einen anständigen Striptease nicht zu schätzen wußten, wenn er ihnen geboten wurde, aber Ethel neigte dazu, sich auf den Lorbeeren ihres strahlenden Charmes auszuruhen ...

Es war beinahe zwei Uhr morgens, als sie in ihre Wohnung in der D'Arblay Street zurückkam, und gleich beim Lichtanknipsen sah sie das Geld auf dem Kaminsims. Vier Pfundnoten und neun 10-Pence-Münzen. Die zehnte Münze hatte sie in ihrer Tasche als ständige Mahnung an Londons Sündenpfuhl. Erst gestern nachmittag war einer ihrer Freunde – jeder, der auch nur eine Stunde bei ihr blieb, galt als Freund – knapp an Scheinen gewesen, hatte aber genug Kleingeld. Sie hatte die Münzen strahlend angenommen – »auch Kleinvieh macht Mist, mein Schatz« –, und als er gegangen war, hatte sie eine Münze in den Stromzähler gesteckt, und dabei war sie auseinandergebrochen. Es war gute Arbeit, innen ein Hohlraum, in dem ein kleines Stück Zelluloid steckte wie ein Sinnspruch in einem weihnachtlichen Knallbonbon. Aber Ethel gab mehr auf Papierhüte als auf Sinnsprüche und hatte gar nichts übrig für Scherze, bei denen anständige Geldstücke kaputt gingen.

Am frühen Sonntagabend hatte der Kriminalpolizist Lovejoy Ethel besucht. Lovejoy gehörte zur Londoner Sittenpolizei. Aber als typischer Leser des »New Statesman« hatte er ein Herz für die »von einer materialistischen Gesellschaft Ausgestoßenen, die in dem ungleichen Kampf resignierten« – und ein besonders warmes Herz hatte er für 96er Oberweiten. Es hieß zwar unter den Mädchen, daß wenn man sich erst einmal für einen Polypen hinlegte, kein Ende mehr abzusehen sei, aber Ethel stimmte doch mehr ihrer Mutter zu, daß man in der Not seine Freunde erkenne. Und zweifellos war der Kriminalbeamte Lovejoy ein bedürftiger Freund – meistens an Sonntagnachmittagen. Und wie Ethel zu sagen pflegte, »hinterher wollen sie nichts weiter als eine Tasse Tee«. Während sie also Tee miteinander tranken, zeigte Ethel Lovejoy die falsche 10-Pence-Münze. In zwei Sekunden dämmerte es ihm, was er da in der Hand hatte, und in weiteren fünf dachte er sich die Geschichte aus, die er in der Albany Street erzählen würde, wenn er seinen Fund vorzeigte. Er gab Ethel 50 Pence als Entschädigung.

In der Spalte, die in der letzten Ausgabe des »Evening Standard« vom Montag für nach Redaktionsschluß eingegangene Nachrichten reserviert war, hieß es in einem Vierzeiler, daß der zweite Koch des polnischen Passagierschiffes »Batory« in England um politisches Asyl nachgesucht hatte, »da ihn die sowjetrussische Politik abstoße«. Der Innenminister untersuche den Fall. Und obgleich die Nachricht in den meisten Exemplaren des »Evening Standard« fast unleserlich war, war sie doch – durchaus angebracht – rot gedruckt.

Zum vierten Mal in zwei Tagen untersuchte ein Mann das Metallschild, in einem Blumenbeet in Kensington Gardens, auf dem »Dianthus Barbatus« stand, und sagte zum vierten Mal »Cholera Przekleta«, was im Polnischen ein nicht gerade feiner Ausdruck ist.

Die polnische Botschaft in der Weymouth Street war hell erleuchtet. Der scheidende französische Botschafter sollte um acht Uhr eintreffen, und es gab noch viel zu erledigen. Der Botschafter selbst war bei diesen Gelegenheiten nie in bester Form und mußte sich immer eine halbe Stunde vorher in sein Büro zurückziehen, um einige schöne Redensarten in der für diesen Abend angemessenen Sprache vorzubereiten. Da er zwei Jahre Vertreter Polens bei den Vereinten Nationen gewesen war, hatte er in dem dortigen ruhigen Fahrwasser gelernt, daß eine treffende lateinische Redensart schlimmstenfalls überall akzeptiert wurde, außer bei den Amerikanern. Für die ersten zehn Minuten des heutigen Abends meinte er, mit »beatus ille qui procul negotiis ... paterna rure bobus exercet suis« auszukommen, aber das klingt vielleicht doch etwas nach Chruschtschow, so daß er sich für »auspicium melioris aevi« entschied, worüber sich niemand aufregen konnte. Er hatte sich gerade eine Zigarre angezündet, als es energisch an die Tür klopfte. Seufzend sagte er »Herein«.

Erstaunt sah er seinen Chauffeur, Pawel Krezki, vor sich, und noch erstaunter war er, als sich Krezki, ohne auch nur um Erlaubnis zu fragen, setzte und mit der Faust auf den Tisch schlug.

»Was zum Teufel wird wegen des Mannes von der ›Batory‹ unternommen?«

Bis jetzt war Seine Exzellenz immer der Meinung gewesen, daß er einer der wenigen Botschafter von jenseits des Eisernen Vorhangs war, dessen Chauffeur tatsächlich ein Chauffeur war. Aber er war nun schon sieben Jahre Botschafter und merkte sofort, woran er war. Er sprach sehr ruhig.

»Genosse Krezki, ich meine, Sie sollten bedenken, mit wem Sie reden.«

Krezki sagte: »Wenn Sie Ihren Safe öffnen, Genosse, werden Sie einen versiegelten roten Umschlag sehen. Bitte öffnen Sie ihn.«

Einen Augenblick später lag er geöffnet auf dem Schreibtisch Seiner Exzellenz. Er enthielt nur einen Bogen guten, festen, weißen Briefpapiers. Alle Betroffenen konnten daraus entnehmen, daß der Genosse Chauffeur Pawel Krezki gleichzeitig auch Major Krezki von Z-11 war, der polnischen Variante des russischen KGB.

»Also, Major, Sie wollen wissen, was mit dem Überläufer geschieht? Wir haben beim britischen Innenminister protestiert und natürlich eine Unterredung mit ihm verlangt, mehr können wir im Augenblick nicht tun.« Er legte seine Hände auf die Tischplatte, als ob er gleich aufstehen wollte, aber Krezkis Gesicht war rot vor Wut.

»Borowski, ich will diesen Mann, und zwar hierher und sofort, und das fällt in Ihre Verantwortung. Ich möchte nichts Nachteiliges über Ihre Kooperationswilligkeit berichten müssen, und daher möchte ich diesen Mann.«

Aber auch Botschafter Borowski verfügte über einigen Einfluß sowohl in Moskau wie in Warschau und ließ sich auch nicht von Majoren des Nachrichtendienstes einschüchtern. Er stand auf, legte den Arm um Krezkis Schulter und schob ihn zur Tür. »Genosse Major, ein Botschafter hat viele Verpflichtungen – wir dürfen nicht übertrieben eifrig reagieren, oder die Engländer werden argwöhnisch.«

Am liebsten hätte er jetzt seinen Wagen verlangt, aber das hätte vielleicht zu provozierend gewirkt. Levitski in Paris war aus geringfügigerem Anlaß zusammengeschlagen worden.

Als der Kriminalbeamte Lovejoy seine kleine Versöhnungsgabe dem Kriminalinspektor Lowrie überreichte, hatte er doch zehn unangenehme Minuten durchzustehen.

»Und wie kamen Sie an einem Sonntagnachmittag ausgerechnet dorthin, Lovejoy?«

»Nun ja, Sir, das Mädchen hat mir schon mehrere Male bei Untersuchungen geholfen.«

»Das haben Sie doch wohl unter dem jeweiligen Datum bei Ihren Protokollen?«

»Ja, Sir.«

»Gut, zeigen Sie bitte her.«

Nach ein paar Minuten blickte der Inspektor von dem Notizbuch auf. »Ich werde Ihnen etwas sagen, Lovejoy. Für mein Gefühl sind hier verdammt viele Sonntage eingetragen.«

Er fuchtelte mit einem Bleistift Ihrer Majestät dem verlegenen Lovejoy vor den Augen herum. »Ich möchte Sie bloß warnen, mein Kleiner, lassen Sie das um Gottes willen sein, oder Sie finden sich eines schönen Sonntagmorgens in den verdammten ›News of the World‹ wieder, und zwar nicht mit einer Empfehlung des Polizeichefs. Ich möchte einen schriftlichen Bericht hierüber, ehe Sie heute abend den Dienst beenden.«

Eine Kopie des Berichtes und die Münze selbst gingen eine Stunde später an Commander Bryant von der Sonderabteilung.

2

Die drei Franzosen hatten in einem Abstand von je einer halben Stunde im Hilton Zimmer bezogen, alle auf dem gleichen Flur. Sie hatten sich als Pierre Firette, Kaufmann; André Prouvost, Schriftsteller, und Paul Loussier, Ingenieur, eingetragen. Später trafen sie sich im Tea-Room, und nachdem sie sich beim Kellner über die Qualität des Blätterteiggebäcks beschwert hatten, machten sie sich an das Geschäftliche. Prouvost zeigte sich überzeugt, daß »Le Monde«, bei Vorlage von Fotokopien, die Dokumente abdrucken würde. Alle drei waren sich einig, keine Verbindung mit der französischen Botschaft aufzunehmen. Und Firette sollte der Kontaktmann zu den Polen sein.

»Ich möchte einige Punkte aufschreiben, Miss Bates, Ethel Bates, nicht wahr?«

»Ethel Sandra Bates, ganz genau.«

»Wo wurden Sie geboren?«
»Abinger Gardens 72, Stepney.«
»Alter?«
»Zwanzig.«

Sie merkte, daß er zögerte, es hinzuschreiben, und als er aufblickte, sagte sie: »Nun ja, das ist mein Bühnenalter – gesetzlich sozusagen bin ich fünfundzwanzig, aber«, fügte sie hinzu, »es macht mir natürlich nichts aus, wenn Sie es wissen, Commander.« Der Commander gefiel ihr eigentlich, und die Sonderabteilung kam ihr überhaupt etwas schicker vor als die Sittenpolizei. »Berichten Sie nun bitte, was das für ein Mann war und was passierte – nur andeutungsweise natürlich«, fügte er hastig hinzu.

Als sie ihre Geschichte vorgetragen hatte, sagte er: »Sie haben sein Äußeres sehr gut beschrieben, wie war sein persönliches Auftreten?«

»Ja, ich würde sagen, er wirkte ausländisch – verbeugte sich oft und machte Kratzfüße. Zweimal küßte er mir die Hand – das war vorher natürlich –, und er wußte nicht richtig mit dem Geld Bescheid. Er kannte die Pfundnoten, aber bei den Münzen mußte ich ihm helfen.«

»Und Sie sind sicher, ihn noch nie zuvor gesehen zu haben?«
»Nein, er war mir völlig unbekannt.«
»Und wie lernten Sie ihn kennen?«
»Ja, ich ging die Treppe hinunter, um ein bißchen frische Luft zu schnappen, und er ging einige Male an mir vorbei, vielleicht vier- oder fünfmal, und ich merkte, daß er interessiert war, und dann kam er zu mir und sprach mich an.«

»Hatte er einen Akzent – was sagte er genau?«

Einen Augenblick schlug sie die großen blauen Augen nieder, aber dann sah sie ihn an und sagte: »Er sagte einfach – wieviel?«

Commander Bryant klappte sein Notizbuch zu und sagte: »Sie haben uns sehr geholfen, Miss Bates, ich bin Ihnen sehr dankbar.«

Ein Strahlen ging über ihr Gesicht. »Wie wär's mit einem Schluck Tee, ehe Sie gehen?«

»Ich habe noch nie Tee ausgeschlagen, Miss Bates.«

Sie stand auf, strich ihren Rock herunter, so daß er beinahe ihr Hinterteil bedeckte, ergriff zwei Emaillebecher auf dem Kaminsims und ging auf eine halb geöffnete Tür zu. Sie ließ sie auf, und Commander Bryant war plötzlich vor eine jener Eignungsprüfungen gestellt, die auf der Polizeischule nicht gelehrt werden.

Als sich Miss Bates nach vorne beugte, wurde deutlich, daß sie nicht nur keinen Slip trug, sondern daß sie auch einen der entzückendsten Hintern besaß, die er je das Vergnügen gehabt hatte, anzuschauen. Aber die Initiative, die in solchen Tests verlangt wurde, hatte er zu beweisen, als ihm klar wurde, daß sie gerade an der Kette gezogen hatte und die beiden Becher zierlich im fließenden Wasser des WC-Beckens ausspülte. Eilig stand er auf.
»Miss Bates, bei näherer Überlegung sollte ich Ihre freundliche Einladung doch nicht annehmen. Es könnte Gerede entstehen, und man weiß nie, was die Zeitungen sogar aus einer unschuldigen Tasse Tee machen.«

Gott sei gedankt für eine wachsame Presse, dachte er, wohin kämen wir ohne ihren Schutz.

Der Dritte Sekretär der polnischen Botschaft war als einziger des diplomatischen Stabes kein Parteimitglied, aber Botschafter Borowski hielt ihn für besonders nützlich, wenn es um Verhandlungen mit den Engländern ging. Der Dritte Sekretär Suslik war Kampfflieger eines polnischen Geschwaders der R.A.F. gewesen. Er schien die Engländer und ihre komplizierte Denkweise zu verstehen und erreichte dadurch manches, was sich auf normaler diplomatischer Ebene festfuhr. Als Suslik informell beim Außenministerium um ein Interview mit dem Überläufer von der »Batory« ersuchte, wurde er aufgefordert, ihn in Gegenwart eines älteren Beamten bei einer Tasse Tee zu sprechen.

Im Außenministerium war man an die Einschüchterungsversuche und Drohungen gegenüber den Familien während der Interviews von Diplomaten aus Ländern hinter dem Eisernen Vorhang mit ihren abtrünnigen Landsleuten gewöhnt, und daher machte Suslik einen guten Eindruck. Er hatte sofort erkannt, daß der Mann eine Art Mitarbeiter in einer der Z-11-Zellen in England war, aber er behielt den leichten und entspannten Unterhaltungston bei. Als er schließlich um fünf Minuten allein mit dem Überläufer bat, hörte man ihn wenigstens an.

»Was beabsichtigen Sie, Mr. Suslik?«
»Nun, ich bin eigentlich überzeugt, daß der Mann hier bleiben will, und unter dieser Voraussetzung glaube ich, meine Pflicht getan zu haben, und wir sollten uns zurückziehen. Seine Kritik ist nicht völlig unbegründet – mein Land hat viel durchgemacht, und wir kämpfen noch ums Überleben –, dennoch bin ich daran interessiert, seine wahren Gründe zu erfahren, weil ich über-

zeugt bin, bisher nur einen Teil der Geschichte gehört zu haben. Ich denke, er wird sich allein mit mir freier geben, ich möchte es wenigstens versuchen. Wir müssen ja zumindest die Dissidenten anhören, wenn wir die Verhältnisse verbessern wollen.«

Das Außenministerium war schon zu der Überzeugung gekommen, daß der Überläufer wahrscheinlich aus emotionalen Gründen gehandelt hatte und nicht zu Propagandazwecken benutzt werden konnte, so wurden Suslik seine fünf Minuten zugestanden. Als die Tür geschlossen war, lehnte er sich in seinem Stuhl zurück und sagte: »Also, Zygmund, nun sind wir unter uns, jetzt sagen Sie mir, worum es wirklich geht. Ich werde wahrscheinlich angeben, daß Sie persönlichen Kummer haben und daß Ihnen gestattet werden sollte zu bleiben. Wir können die Sache erleichtern, wie Sie wissen, oder erschweren.«

Zygmund Kujawski bedauerte schon beinahe seine impulsive Handlung und meinte nun eine Chance zu sehen, sich mit beiden Seiten gutzustellen. Er sprach so leise, daß es beinahe ein Flüstern war.

»Ich wurde angewiesen, zwei Münzen an gewissen Plätzen zu hinterlegen«, begann er und erzählte dann die Episode mit dem Mädchen und die Verwechslung der Münzen. Suslik prägte sich die Einzelheiten genau ein, und schließlich lachten sie beide darüber, wie törichte Zufälle das eigene Leben so verändern konnten. Er beruhigte Kujawski und erklärte dann dem Mann vom Außenministerium, daß offensichtlich eine törichte Affäre mit einem Mädchen schiefgelaufen war.

Die auf Band aufgenommene Unterhaltung war zwei Stunden später ins Englische übersetzt worden und befand sich kurz nach dem Lunch bei der Sonderabteilung.

Botschafter Borowski gab die schlechte Nachricht an Major Pawel Krezki weiter.

In einem Zimmer im 3. Stock am schäbigen Ende der King's Road riß Pawel Krezki das braune Streifband von einem Exemplar des »Paris Match« und schlug die erste Seite des Leitartikels auf. Er hielt die Seite schräg gegen das Licht, und da war er – ein glänzender Punkt. Er berührte ihn mit einer Rasierklinge, und er ließ sich leicht vom glänzenden Papier lösen. Es mag sein, daß es auch kommunistische Agenten gibt, die tatsächlich Körperpuder benutzen, denn alle haben eine Büchse davon bei sich. Es ist das KGB-Standardversteck des Lesegerätes für einen Mikropunkt.

Als er das Gerät zusammengesetzt und den Mikropunkt fixiert hatte, lenkte Krezki das Licht auf den dünnen Film, und der Text kam klar und scharf heraus. Es war ein Brief von seiner Frau Ilse, das übliche Gerede – wie sehr sie ihn vermißte, wie gut die Jungen in der Schule vorankämen, ob er noch 200 Zlotys mehr im Monat erübrigen könnte, und ob er ein weißes Kleid mit enganliegendem Oberteil und Ziermünzen an dem weiten Rock für sie aufgetrieben habe. Der KGB und das Z-11 achteten darauf, daß die Familien miteinander in Verbindung blieben, aber das war der zweite Brief, den er innerhalb von zwei Monaten von zu Hause bekommen hatte, und das war mehr als allgemein üblich. Er fragte sich, was das wohl zu bedeuten habe. Es konnte heißen, daß sie zufrieden waren, aber auch, daß sie Zweifel hatten. Aber sie hatten ihm diesen besonderen Posten gegeben – er arbeitete eigentlich für den KGB. Noch konnten sie nicht erfahren haben, daß der Kurier zu den Engländern übergelaufen war, es sei denn, dieser verdammte Botschafter hatte die guten Nachrichten schon weitergegeben. Solange er nicht im Besitz des Mikrofilms war, konnte er nichts unternehmen, noch nicht einmal mit den Franzosen in Verbindung treten. Er warf den Mikropunkt in den Ofen, selbst auf der heißen Kohle flammte er kaum auf.

In Fort George Meade in Maryland war es drei Uhr morgens, und Hank Peters parkte seinen Pariser Pontiac auf dem Personalparkplatz und gab seine Schlüssel an dem äußeren Checkpoint ab. Eine Wache prüfte seinen Paß und die Identitätskarte, während ein zweiter ein leichtes Maschinengewehr auf Peters Beine gerichtet hatte. Der Stacheldrahtzaun war drei Meter hoch. Die gleiche Prozedur fand bei dem zweiten Wachposten an einem ähnlichen Zaun statt.

Ex-Leutnant z. See Peters war Mathematiker und kein Seemann. Er arbeitete jetzt seit achtzehn Monaten in der Unterabteilung ADVA, eine der fünf Unterabteilungen von PROD, dem wichtigsten Teil der US-amerikanischen nationalen Sicherheitsbehörde. In der NSA wurde immer rund um die Uhr gearbeitet, und Peters war für einen besonders eiligen Auftrag einberufen worden und hatte sich Zeit an dem neuen Whirlwind-Computer reservieren lassen, der speziell für NSA als Zahlenknacker entwickelt worden war. Es hieß, daß Whirlwind einen Code innerhalb einer Stunde brechen konnte, wozu ein erstklassiger Mathematiker mindestens 300 Jahre brauchen würde.

Mit mehr als 2000 Funkauffangstationen verteilt über den ganzen Erdball können Funksprüche in jedem Land der Welt mitgehört werden. Armeen und Flotten müssen in Funkverbindung stehen, und ob chiffriert oder im Klartext, NSA hört und schneidet mit.

Es dauerte eine halbe Stunde, ehe Peters sein Terminal an Whirlwind anschließen konnte, und er beobachtete die Kolonnen von fünf Digitalzahlen auf dem 25 × 20 cm großen glänzenden Schirm. Zunächst war man versucht, an einen jener willkürlich zusammengesetzten Ein-Wort-Codes zu denken, aber seine Erfahrung lehrte ihn, diesem ersten Eindruck nicht zuviel Gewicht beizumessen. Er wußte bereits, daß es über CIA für die Engländer bestimmt war, und die Anweisungen besagten, daß, obwohl nur streng geheime Verschlußsache und als solche pure Routine, es doch 4 A's Priorität hatte. Das Ergebnis sollte direkt an das Hauptquartier der CIA in Langley, Virginia, gehen.

Dann blinkte seine rote Lampe auf, und er druckte die Basisdaten auf seinem Terminal aus, ließ dann die Programme 1, 2 und 3 durchlaufen, wodurch einige Milliarden gespeicherte Daten abgerufen wurden. Der Zeilendrucker arbeitete, verglichen mit normalen Computern, schnell, aber sogar bei dem Auswurf von 1000 Zeichen pro Sekunde war der Drucker noch nicht fertig, als alle drei Programme durchgelaufen waren. Peters hatte beinahe recht gehabt, es handelte sich um einen Zweiwort-Random-Code, aber irgend etwas daran war seltsam. Er überprüfte die Sprache, und es stellte sich heraus, daß es sich um einen Bastard handelte, nämlich einen Code, dessen Teile aus zwei verschiedenen Sprachen stammten. Er würde mindestens noch zwei weitere Stunden Computer-Zeit brauchen, er ersuchte um Verlängerung, die gewährt wurde.

Er brauchte doch noch drei Stunden, um den Code zu knakken. Es waren zwei Wortgebilde aus je 12 Buchstaben, die in zwei Sprachen das gleiche bedeuten, »pilkasniezna« auf Polnisch und »boule de neige« auf Französisch, was in beiden Sprachen »Schneeball« hieß. Er dechiffrierte die Buchstabengruppen sorgfältig, zog die Augenbrauen hoch, als er den endgültigen Text sah, und versiegelte das benutzte Material doppelt.

Zwei Boten brachten es zum CIA-Hauptquartier, ein normaler Routinevorgang. NSA wollte ganz sicher gehen, und alles, was aus dem Gebäude herausging, wurde von zwei Personen überbracht, die nicht voneinander wichen, ehe die Übergabe stattgefunden hatte.

Commander Bryant war beinahe oben an Sanderstead Hill angelangt, als er stehen blieb. Er war kein gefühlsbetonter Mann, aber als er zu den Sternen am tiefblauen Nachthimmel aufblickte, sagte er laut: »So ein dämlicher Schweinehund!« Eine Dame, die mit ihrem Pudel am Gartentor auftauchte, ging langsam wieder zurück.

Als er nach Hause kam, entschuldigte sich Bryant bei seiner Frau, die Kummer gewöhnt war, und rief sein Büro an. Der diensttuende Beamte schickte sofort einen Wagen los, und eine Stunde später ließ er den Fahrer in Shaftesbury Avenue halten mit der Anweisung, ihn an der gleichen Stelle nach einer Stunde wieder abzuholen.

Als er die D'Arblay Street erreichte, sah er kein Licht in der Wohnung des Mädchens. Er läutete und warf einen Blick auf seine Uhr – drei Uhr morgens. Er läutete noch einmal, wieder öffnete niemand, aber er glaubte, Stimmen zu hören. Mit Hilfe seiner Scheckkarte öffnete er das Schloß, ging die Treppe hinauf und horchte vor der Tür. Da waren Stimmen, aber zu undeutlich, um etwas verstehen zu können. Er klopfte und drückte dann die Klinke nieder. Die Tür ging auf. Die Nachttischlampe verbreitete ein sanftes rosa Licht, und im Radio lief das durchgehende Nachtprogramm von France-Inter. Anscheinend war auf der Straße Paris–Melun ein tödlicher Unfall passiert. Und hier offenbar auch. Das Mädchen lag nackt auf der Seite, die Hände umklammerten ihren auf dem Kissen liegenden Kopf. Der Mund stand offen, die Zähne waren entblößt, und als er sie sanft auf den Rücken drehte, entströmten der Wunde, einem Schnitt vom Brustbein zum Becken, Gase.

Er seufzte und wandte sich ab, um das zu überprüfen, was ihn hergeführt hatte. Die Pfundnoten lagen noch auf dem Kaminsims, aber nur noch acht Zehn-Pence-Münzen. Die Scheibe des Stromzählers war eingeschlagen, und auf dem Boden lagen vier Schillinge und eine alte Zwei-Shilling-Münze. Die Münzen auf dem Sims waren nicht mehr ordentlich aufgestapelt, und sie waren alle echt. Nach einem Anruf bei Scotland Yard blickte er sich um, für ihn war hier nichts mehr von Interesse. Am frühen Morgen würde die Voruntersuchung der Mordkommission vorliegen.

3

Die für 10 Uhr morgens angesetzte Kabinettsitzung wurde abgesagt, und der Premierminister fuhr nach Hampshire zu einem Haus in der Nähe von Petersfield. Das Haus lag in einem 50 Acres großen Parkgelände und gehörte der Electronics and Radio Engineering Limited, was die 70 Fuß hohe Antennenanlage neben dem Hauptgebäude erklärte. Von außen war es rein georgianischer Stil, innen mit Eisenbeton ausgekleidet und mit einem komplizierten Leitungsnetz versehen. Es war Hauptquartier und Operationszentrum des SIS, des geheimen Nachrichtendienstes.

Das Treffen fand in einem prächtig ausgestatteten Sitzungszimmer statt, und zwar zwischen dem Premier und dem Chef der Operationsabteilung von SIS. Nach kurzem einleitendem Geplauder sagte der PM: »Also, Sir John, ich nehme an, Sie wollen mit mir über ein bestimmtes Problem sprechen.«

»Prime Minister, wir haben ein sehr dringliches Problem, und ich muß Sie zunächst von der Vorgeschichte in Kenntnis setzen, vor allem darüber, daß keiner Ihrer Vorgänger seit Sir Winston etwas davon erfahren hat.«

Der PM zog seine wohlbekannten Augenbrauen hoch, und der Direktor fuhr schnell fort, ehe ihm Fragen gestellt werden konnten. »Sir Winston selbst hat uns diese Anweisungen gegeben, und es geht daraus hervor, daß Mr. Roosevelt und der kanadische Premier in ihren Ländern das gleiche veranlaßten. Die Angelegenheit geht auf den Sommer 1940 zurück.« Der Premier blickte ernst und betroffen drein und machte keine Anstalten mehr zu unterbrechen.

»Das Kriegsministerium hatte dem Pentagon und anderen verbündeten oder befreundeten Staaten als Routinemaßnahme Informationen über das Nazi-Unternehmen ›Seelöwe‹ zukommen lassen. Offenbar kam es daraufhin zu einem privaten Treffen zwischen dem Präsidenten und dem kanadischen Premierminister im August 1940. Dabei wurde für den Fall einer erfolgreich verlaufenen Operation ›Seelöwe‹ – mit anderen Worten, falls ein Teil von Großbritannien von den Deutschen besetzt werden sollte – beschlossen, daß die kanadische Regierung die Übersiedlung der britischen nach Kanada nicht gestatten würde. Darüber hinaus informierte der amerikanische und kanadische Staatschef Sir Winston, daß sie im Falle einer deutschen Besetzung den Status quo akzeptieren und sich in irgendeiner Form mit dem Dritten Reich arrangieren würden.«

Der Premierminister schwieg einige Minuten. »Das wäre unser aller Ende gewesen, das Ende ganz Europas, genaugenommen.«

»Das fürchte ich, Sir. Nur Sir Winston kannte diesen Beschluß. Er wurde ihm persönlich durch einen Sonderbeauftragten des Weißen Hauses und des Generalgouverneurs überbracht. Nur einige wenige Leute erfuhren von der Zusammenkunft und den dort getroffenen Entscheidungen.«

»Was sollte mit der königlichen Familie geschehen?«

»Ihr sollte gestattet werden, nach Kanada zu gehen, genau so wie den anderen bereits im Exil lebenden königlichen Hoheiten und den führenden Politikern, deren Leben in Gefahr war. Dazu gehörte natürlich Sir Winston.«

»Was sagte Sir Winston dazu?«

»Es hieß, er habe sich zwei Tage krank ins Bett gelegt, und damit hatte es sich.«

Der PM seufzte: »Gott sei Dank ist es nie dazu gekommen«, und blickte Sir John erwartungsvoll an.

»Deswegen ersuchte ich Sie, hierher zu kommen, Sir, weil es möglich ist, daß jetzt alles herauskommt, das heißt veröffentlicht wird. Die Amerikaner waren uns behilflich, einen ziemlich komplizierten Code zu knacken, und obgleich wir bisher nur einen Teil der Informationen haben, sieht es so aus, als ob tatsächlich der Versuch unternommen werden soll, das Ganze, einschließlich der Kopien der Urkunden von dem Treffen und den persönlichen Briefen Roosevelts und Mackenzie Kings an Sir Winston, zu veröffentlichen.«

»Zu welchem Zweck?«

»Nun, zuerst dachten wir an eine neuerliche Gehässigkeit der Franzosen – die entschlüsselten Instruktionen machen deutlich, daß die Franzosen beteiligt sind, aber auch die Polen sind verwickelt und leiten wahrscheinlich die Operation. Die Franzosen würden es nur zu gerne sehen, wenn die Amerikaner in eine peinliche Lage kämen, und obgleich de Gaulle tot ist, braucht man nur an seine ›Vive le Québec libre‹-Rede zu denken, als er Trudeau besuchte. Sie würden es genießen, die Kanadier aufzuscheuchen, und die Franco-Kanadier würden gerne mitmachen, denn politisch könnte allerhand herausspringen.«

Der PM warf ein: »Auch hier gäbe es genug willfährige Hände, um den Topf am Kochen zu halten.«

»Genau. Wir sagten uns aber, daß die Franzosen das auch allein unternehmen könnten, und untersuchten die möglichen Gründe für die Beteiligung der Polen. Unsere Schlußfolgerung ist, daß es sich um eine großangelegte Operation handelt, und die französische Beteiligung nur der Anfang ist. Die Polen oder der KGB über die Polen wollen den Groll gegen die Amerikaner und Kanadier dazu benutzen, sie aus Europa zu vertreiben. Die ganze Operation ist darauf angelegt, die NATO platzen zu lassen, ein für allemal, jedes amerikanische Engagement in Europa auszuschalten, und nach dem soeben erstellten Bericht über die Stärke des Warschauer Paktes und der NATO könnten die Warschauer-Pakt-Staaten in drei Tagen bis zum Kanal vorstoßen, denn das Verhältnis beträgt auf allen Gebieten, außer dem Nuklearen, 3:1. Nur die amerikanische Beteiligung an der NATO hält sie zurück. Wenn die Amerikaner sich erst einmal zurückgezogen haben, glaube ich noch nicht einmal, daß die Sowjets einen Angriff starten müßten; jede Regierung in Europa würde ihr eigenes Geschäft – und zwar schnell – betreiben.«

Der PM liebte es nicht sonderlich, wenn Nicht-Politiker ihm erzählten, was Regierungen tun oder nicht tun würden, aber er war sich auch nur zu klar darüber, daß der SIS mehr über Politiker wußte als diese selbst. Er stand auf. »Was wollen Sie unternehmen? Wahrscheinlich zensierte Mitteilungen an die Presse.« – »Da rate ich ab, Sir – auf jeden Fall nicht sofort. Warum eine Kugel ins Rollen bringen, von deren Existenz noch niemand weiß. Der Präsident hat die Sache unter Verschluß, und sie haben drüben alles zu verlieren, wenn die Sache herauskommt. Ich wäre Ihnen dankbar, wenn Sie mit den Eigentümern der Zeitungen in Verbindung blieben – wahrscheinlich wird für diese Ware eine ganz schöne Summe verlangt werden, und das bedeutet gewöhnlich, daß die Verleger zustimmen müssen. Dann ist eine eventuelle Verwicklung der französischen Regierung zu bedenken, woran ich allerdings nicht glaube, jedenfalls nicht offiziell. Aber wir können nicht darüber hinwegsehen, daß sie nun schon über ein Jahr mit den Sowjets kokettieren. Wahrscheinlicher ist jedoch, daß sie wissen, es ist etwas im Busch, aber die Augen schließen. Ich schlage vor, Sir, einen einzigen Mann auf diese Geschichte anzusetzen. Er kann alle Unterstützung haben, die er braucht, aber er wird der einzige sein, der darüber Bescheid weiß. Ich würde auch vorschlagen, daß unsere Zusammenkunft hier offiziell nie stattgefunden hat. Wenn unbedingt nötig, soll gesagt werden, wir hätten die Operation ›Eis-Auge‹ besprochen.«

Beim Hinausgehen sagte der Premierminister: »Wenn Sie diese Leute fassen, werden wir doch noch Probleme mit Old Bailey bekommen. Die Richter Ihrer Majestät reagieren allergisch auf die vielen Fälle, die neuerdings unter Ausschluß der Öffentlichkeit zu verhandeln sind.«

»Diese Angelegenheit wird nicht vor Gericht kommen, Sir, dafür werden wir sorgen, die Verhandlungen würden nur dazu dienen, die Katze aus dem Sack zu lassen, was durchaus in ihr Programm paßte. Jeder Beteiligte wird einzeln vorgenommen werden – aber zunächst geht es um die Dokumente. Ohne sie würde keine Zeitung in der Welt die Sache drucken, und wenn, würde ihr kein Glauben geschenkt werden. Am Ende wird es keine Schwätzer geben, Sir.«

Sie blickten sich kurz an, aber der Operationschef SIS gab keine weiteren Einzelheiten. Sie wußten beide, was er meinte.

Am nächsten Tag brachte die »Humanité« einen langen Artikel über das unerhörte Vorgehen des britischen Nachrichtendienstes, der ein Mitglied der Besatzung des polnischen Passagierschiffes »Batory« gewaltsam zum Überlaufen veranlaßt hatte und dann diese brutale Tat als Gesuch um politisches Asyl eines polnischen Bürgers ausgab. Der »Figaro« brachte eine kürzere und weniger scharfe Notiz, und im »Monde« stand nichts davon. Sir John Walker, Operationschef SIS »Whisky«, öffnete die Akte aus seinem Archiv. Das erste Dokument war die Übersetzung einer Rede Hitlers vor dem Reichstag am Abend des 19. Juli 1940.

»Aus England«, sagte er, »höre ich nur einen einzigen Ruf – nicht von dem englischen Volk, wohl aber von den Politikern –, daß der Krieg weitergehen muß! Ich weiß nicht, ob diese Politiker schon eine genaue Vorstellung von der Fortführung dieses Krieges haben. Es stimmt, daß sie erklären, den Krieg weiterzuführen und, selbst wenn Großbritannien untergehen sollte, ihn von Kanada aus fortsetzen. Es ist wohl kaum anzunehmen, daß sie das englische Volk nach Kanada bringen wollen. Wahrscheinlich werden nur diese Herren, die daran interessiert sind, ihren Krieg fortzusetzen, nach Kanada gehen. Das Volk, fürchte ich, wird in England bleiben müssen und wird sicher den Krieg mit anderen Augen betrachten als die sogenannten Führer in Kanada.

Glauben Sie mir, meine Herren, ich verachte diesen Typ skrupelloser Politiker, die ganze Völker ruinieren. Ich empfinde fast

Schmerz bei dem Gedanken, daß ich von der Vorsehung bestimmt wurde, diesem System, das diese Herren schon ins Wanken brachten, den Todesstoß zu versetzen. ... Mr. Churchill ... ist zweifellos schon in Kanada, wo sich das Geld und die Kinder jener, die an diesem Krieg ein besonderes Interesse haben, bereits befinden. Mr. Churchill sollte mir vielleicht, wenigstens dieses eine Mal, Glauben schenken, wenn ich prophezeie, daß ein großes Reich zerstört werden wird, ein Reich, das zu zerstören oder auch nur anzutasten nie in meiner Absicht lag!«

4

Als Sir John Walker Anders über die Lage informiert hatte, fragte er: »Wollen Sie, Major Anders, die Sache übernehmen?«

Anders stand auf und sah aus dem Fenster. »Ich werde es übernehmen, Sir. Wir haben zwar nicht viele Anhaltspunkte, aber auf alle Fälle den übergelaufenen Polen und den Text des Mikrofilmes. Es sollte mich freuen, wenn ich an die Franzosen herankäme. Ist Farrow noch in Berlin?«

»Ja, er wird dort noch sieben Monate bleiben.«

»Wie soll ich berichten?«

»Mindestens täglich, aber wenn Sie noch Leute brauchen, können Sie sich jederzeit an mich wenden. Solange niemand merkt, was Sie suchen, besteht kein Grund, warum Sie nicht alle Hilfsmittel einsetzen sollten.«

Er hantierte mit den Papieren auf seinem Schreibtisch und sagte, aufblickend, mit ruhiger Stimme: »Ich möchte nicht, daß hinterher noch irgend jemand dieser Leute herumläuft, Anders – Sie verstehen.« Anders nickte.

Zehn Minuten später war er auf dem Wege nach London und zu Zygmund Kujawski.

Als Kujawski entdeckte, daß er die beiden Münzen verloren hatte, war er in Panik geraten. Er hatte sich einfach irgendwie in Sicherheit bringen wollen, aber nun, da er aus der Gefahr heraus war, fühlte er sich einsam und ängstlich. Er war kein schlechter Koch, und vielleicht konnte er in einem der polnischen Cafés in Fulham oder Soho eine Anstellung finden.

Es regnete, als er Wormwood Scrubs verließ, und er winkte einem Taxi, dessen Fahrer eine Zigarettenpause eingelegt hatte. Erst als er die Tür schon geöffnet hatte, sah er den Mann auf dem Rücksitz. Eine Waffe war auf ihn gerichtet. Der große Mann sagte »Siadaj«, und Kujawski setzte sich gehorsam hin. Der Fahrer schien den Weg zu wissen, und Kujawski fragte: »Wohin fahren Sie mit mir – wer sind Sie?« Die einzige Antwort war ein verächtlicher Blick.

Nach ungefähr zwanzig Minuten hielt das Taxi, der Fahrer öffnete zwei große hölzerne Tore, und sie fuhren einen Abhang hinunter und hielten an. Kujawski erkannte lediglich ein weiträumiges Gebäude mit einer Tür, an der »Studio Jason« stand. Der große Mann stieß ihn mit der Waffe an, und er stieg aus. Der Fahrer öffnete die Tür, und sie kamen in einen erleuchteten Korridor. Dann betraten sie einen kleinen Raum, dessen Wände und Decke mit konischen Bauelementen bedeckt waren. Nur einmal hatte Kujawski bisher einen solchen Raum gesehen, in der Moskauer Zentrale am Kuznetsky Most, und er wußte, wozu sie dienten. Echolose Räume sind hervorragend für HiFi-Aufnahmen geeignet – und kein Schrei kann nach außen dringen. Ein großer hölzerner Stuhl stand in der Mitte, und der große Mann winkte ihn heran, nickte dem Fahrer zu, der hinausging und die Tür hinter sich schloß.

Der große Mann setzte sich auf den Stuhl neben ihn. »Nun, Kujawski, wir wollen zur Sache kommen, und ich warne dich, du kannst es auf die sanfte oder harte Tour haben, mir ist das egal.«

»Wer sind Sie, Sie sprechen polnisch – sind Sie Pole?«

»Also los – für wen arbeitest du?«

»Innenministerium.«

»Ach, um Himmels willen – für wen arbeitest du, wer ist dein Chef?«

»Antoni Shirilov.«

Der große Mann lachte. Shirilovs Leute waren das hinterletzte. Sogar der KGB nannte sie »shavki« – herrenlose Hunde, die sich bei den Mülltonnen herumtreiben. »Wo bist du ausgebildet?«

»Warschau und dann in der Moskauer Zentrale.«

»Wann?«

»Vor sechs Monaten.«

»Für diese Mission?«

»Zum Teil.«

»O.K. Erzähl mir von dieser Mission.«

Dann erfuhr Anders die Geschichte der präparierten Münzen, von denen eine in Kensington Gardens an das Metallschildchen in einem Blumenbeet geklebt und mit der anderen ein Tabakhändler in Archer Street für ein Päckchen Gauloises bezahlt werden sollte. Außerdem erfuhr Anders, daß es in London drei voneinander unabhängige sogenannte »apparats« gibt, die von einem Residenten geführt werden, den Kujawski nicht kannte. Aber er wußte, daß sein »apparat« Verbindungen zu Paris hatte. Er war angewiesen worden, die Münzen zu hinterlegen, nach Paris zu fahren und die Nummer KLEber 90-47 anzurufen und nach Monsieur Quebec zu fragen, der ihm weitere Instruktionen geben würde.

Anders fotografierte Kujawski einige Male und sagte dann: »In Ordnung, Kujawski, du bist ein guter Junge, ich will dir eine Ruhepause gönnen. Was möchtest du lieber – Tee oder Kaffee?«
»Tee.«
»Mit Milch?«
»Nein, etwas Zitrone.«

Anders rauchte eine Zigarette, während der Pole den Tee trank.

Ungerührt sah er zu, als Kujawskis Kopf zurückfiel und die Erstickungsanfälle begannen. Es dauerte nie länger als ein paar Minuten, und wenn man sterben mußte, war das eine der schnellsten und leichtesten Methoden, weil das zentrale Nervensystem in Sekunden gelähmt wurde.

Am nächsten Tag fand in einem besonderen Teil des Friedhofs in der Nähe von Kew Gardens ein Begräbnis ohne Trauergäste statt. Nur Major Anders und der Taxichauffeur. Es war noch beinahe dunkel, aber es regnete nicht und der Boden war locker.

Tadeusz Anders stammte aus Northumbrian, er war 1941 in Morpeth geboren. Sein Vater war Kavallerieoffizier in einem polnischen Eliteregiment und am 2. September 1939 in deutsche Gefangenschaft geraten. Drei Monate später war er Offizier der Freien Polnischen Armee, hatte sich in wenigen Wochen in ein englisches Mädchen verliebt, und sein gutes Aussehen und sein altväterischer Charme erreichten, daß sie eine der vielen Osterbräute des nächsten Jahres wurde. Tadeusz Anders wurde im darauffolgenden Jahr geboren. Sein Vater war beim Angriff auf Monte Cassino gefallen, und der junge Anders ging in dem täglichen Leben einer hübschen englischen Mittelstadt auf. Er hatte an der kleinen polnischen Schule, die die polnische Kolonie an Wochenenden betrieb, Polnisch und Russisch gelernt und war sowohl bei der polnischen wie der englischen Gemeinde beliebt. Seine Mutter war Lehrerin an der Volksschule, und der junge

Tadeusz war offensichtlich ihr Augapfel. Sie verwöhnte ihn nicht, aber behandelte ihn, als wäre er Ehemann und Sohn in einer Person.

Im Sommer nach seinem 18. Geburtstag erfuhren sie, daß er einen Platz an der Universität erhalten hatte, und kurz darauf sagte sie ihm, daß sie einen Farmer bei Alnwick heiraten würde. Sie erklärte, ihr Verhältnis zueinander würde sich dadurch nicht ändern, es würde so bleiben, wie es war. Die Hochzeit fand wenige Wochen später statt, und Tadeusz sollte während der kurzen Flitterwochen bei einer Tante bleiben. Beim Abschied sah er die Tränen in ihren Augen, aber er konnte nicht ertragen, daß sie dabei lächelte. Und ihr neuer Mann hatte den Arm um sie gelegt.

Seine ganze Habe, einschließlich der Orden seines Vaters, stopfte er in einen alten Armee-Seesack. Am gleichen Tag noch fuhr er nach London, und zwei Tage später begann er sein Rekrutenleben in der Garnison von Caterham. Erst als er Offizier wurde, sagte er seinen richtigen Namen.

In gewisser Hinsicht ist die Armee ein ganz angenehmes Waisenhaus, und der couragierte und fähige Leutnant, der so schnell alles aufnahm, war allgemein beliebt. Weil er Russisch und Polnisch konnte, wurde er zum Nachrichtendienst abgestellt und wurde auf der Ochsentour einer der erfahrensten und geschätztesten Offiziere des SIS. Zielstrebigkeit war die Eigenschaft, die die verschiedenen Vorgesetzten ihm immer wieder bescheinigten. Seine Mutter sah er nie wieder. Er sprach nie über seine Kindheit und es gelang ihm beinahe, auch nicht mehr daran zu denken. Seine Mutter hatte ihm in bezug auf Frauen einen Denkzettel gegeben, meinte er und war froh, ihn rechtzeitig erhalten zu haben. Keiner Frau würde es mehr gelingen, seine Glieder vor Kälte erstarren zu lassen, ihm dieses Gefühl von Dunkelheit und Wind einzujagen, das Gefühl, daß alle Lichter verloschen sind. Einsamkeit.

Er war bei Männern und Frauen beliebt. Trotz seines guten Aussehens, seiner Vitalität und offensichtlicher Intelligenz, betrachteten die Männer ihn nie als Rivalen. Aus den gleichen Gründen sahen ihn viele junge Frauen als möglichen Ehemann, aber nie als Liebhaber.

Um 9.30 war Anders in Commander Bryants Büro bei New Scotland Yard, und Bryant las laut Teile aus dem Leichenbericht von Ethel Bates vor.

»Todesursache Erdrosselung – die Wunde an Brust und Unterleib wurde nach eingetretenem Tode zugefügt.« Er blickte zu Anders hin. »Typisches Vorgehen eines kriminellen Psychopathen, obgleich sie gewöhnlich viele kleine Wunden verursachen. Das Opfer hatte zwei Stunden vor seinem Tode noch Geschlechtsverkehr, hatte ungefähr sechs Stunden nichts gegessen und hatte mit ungefähr 20 Jahren ein Kind – der Rest sind unwichtige Einzelheiten, das Übliche betreffend, gefärbtes Haar und Hammerzehen.«

»Fingerabdrücke oder ähnliches?«

»Ja, das ist ganz interessant. In so einer Bude bekommt man eine ganze Menge Besucher – wir haben neun verschiedene Abdrücke neben denen des Mädchens festgestellt.«

»Sind schon welche identifiziert worden?«

»Ja, drei. Die einen stammen von einem Kriminalpolizisten Lovejoy, die zweiten von einer Mrs. Palmer, einer alten Putzfrau, die täglich eine Stunde zum Aufräumen kam und wahrscheinlich Anrufe von Kunden annahm, wenn das Mädchen nicht zu Hause war. Und die dritten sind von einem bekannten Kriminellen, der ›Roter‹ Levi heißt.«

»Warum ›rot‹ – hat er rote Haare oder so etwas?«

Bryant lächelte. »Von der örtlichen Polizei weiß ich, daß es nichts mit seinem Aussehen zu tun hat, sondern mit seinen sportlichen Interessen. Als Dynamo Moskau hier kürzlich spielte, hat er sie mit seinen Rufen angefeuert. Jemand gab ihm den Spitznamen, und der blieb hängen.«

Anders schien in Gedanken versunken, dann tauchte er wieder auf.

»Kann ich Ablichtungen von allen haben?«

»Ja, ich habe gleich für Sie Kopien anfertigen lassen. Rufen Sie mich an, wenn ich Ihnen irgendwie behilflich sein kann.«

Anders saß in einem der hinteren Räume des Polizeireviers in Albany Street und las die Akte über Valentin Levi. Beide Eltern waren 1919 aus Odessa ausgewandert. Ihr einziger Sohn wurde 1925 in Whitechapel, London, geboren. Er war wegen kleinerer Diebstähle und Einbrüche verurteilt worden und weil er im Besitz von erwiesenermaßen gestohlenen Waren war. Keine Gewaltverbrechen. Anders notierte die bekanntgewordenen Adressen und die Helfershelfer.

Krezki hatte Seiner Exzellenz am Morgen mitgeteilt, daß er einige Wochen seine Chauffeurspflichten nicht wahrnehmen würde. Die Aufgaben eines Agenten nahmen zuviel Zeit in Anspruch, wenn eine Operation angelaufen war.

Es hatte 150 £ gekostet, die Münze zu bekommen, und ihm war klar, daß er bisher nur die Hälfte der Nachricht besaß. Er konnte mit den Franzosen Verbindung aufnehmen, aber er benötigte den Rest des Auftrages. Levi würde auch künftig von Nutzen sein. Diesen Job hatte er schnell und erfolgreich erledigt.

Er schraubte den Wasserbehälter des WC von der Wand ab und nahm die sechs losen Ziegel heraus. Der Sender war sehr klein, aber es waren 25 m Antennenkabel nötig, die aufgewickelt untergebracht werden mußten. Das Verschlüsseln brauchte mehr als eine Stunde, und zur Aufnahme auf Tonband benutzte er das Morsealphabet. Den ganzen Text ließ er noch zweimal zur Überprüfung durchlaufen. Er hatte ihn mit einer Geschwindigkeit von 15 Zoll pro Sekunde aufgenommen und übertrug ihn nun auf die schnellste Geschwindigkeit. Jetzt dauerte der ganze Bericht nur neun Sekunden und war bloß noch ein Mischmasch von Tönen. Britische Funküberwachungsstellen würden nur diese neun Sekunden zur Verfügung haben, um die zwei für eine Lokalisierung seines Senders nötigen Peilpunkte zu ermitteln. Er schloß das Tonbandgerät an den Sender an, wartete zehn Minuten, und beim letzten Piep des BBC-Zeitzeichens für die Neun-Uhr-Nachrichten drückte er dreißig Sekunden auf die Taste, und das war's. Als er den Sender wieder versteckt hatte, waren die Nachrichten fast beendet, aber er stellte das kleine Transistorgerät im großen Zimmer an.

Danach ging er fort und kaufte den »Evening Standard«, und da er im Augenblick ganz zufrieden mit sich und der Welt war, ging er in ein Pub, um etwas zu trinken. Während er einen langen Whisky schlürfte, las er zunächst die Fußballresultate auf der letzten Seite, und es dauerte zehn Minuten, ehe er die groß aufgemachte Schlagzeile auf der ersten Seite entdeckte: »Wahnsinniger Triebtäter schlägt in Soho zu.« Und dann folgte die Geschichte von Ethel Bates, und Krezki begann, trotz des warmen Miefs im Pub an diesem Samstagabend, zu frösteln. Der Artikel endete mit einer Warnung des stellvertretenden Chefs der Mordkommission und einer Versicherung, daß die Suche nach dem wahnsinnigen Täter mit äußerster Dringlichkeit aufgenommen würde.

5

Es gab einen durchgehenden gelben Strich auf der Soho Lane, aber die Straße war sehr eng, und obgleich Einbahnstraße, war kaum genug Platz für zwei Wagen nebeneinander. Der Polizist Evans sah das genau vor dem Lotus-Striptease-Klub geparkte Taxi und legte einen Schritt zu.

»Sie wissen, daß es verboten ist, auf einem gelben Strich zu warten, Fahrer. Soviel ich weiß, stehen Sie hier schon länger als fünf Minuten, also her mit den Papieren. Zuerst Ihre Konzession.« Und er legte seine Hand auf den offenen Fensterrahmen.

Der Taxifahrer griff in seine Innentasche, zog seine Briefmappe heraus und sagte: »Hoffentlich liest du nicht die ganze Nacht daran, Kumpel.«

Der Polizist Evans hatte eine ähnliche Karte auf seinem Ausbildungslehrgang gesehen, aber noch nie eine, die echt war. Er war sich noch nicht einmal sicher, was SIS bedeutete, wußte aber, daß man sie am besten in Ruhe ließ. Er nickte und klappte sein Notizbuch zu und wollte gerade weggehen, als der Fahrer sagte: »Steck's nicht weg, Kumpel, schreib irgend etwas hinein, egal was, denn sonst denken sie, ich warte hier auf die Königin oder so.«

Im Lotus war es ganz schön voll. Ethels Tod war nun schon drei Tage her, und der erste Schock war vorbei. Das Leben, wie das Showgeschäft, geht weiter. Der »Rote« Levi hatte noch nie einen Striptease gesehen und meinte, er hätte etwas verpaßt. Er wußte, daß alle Kleider ausgezogen wurden, aber konnte beim besten Willen nicht einsehen, warum sie so viel Zeit dazu brauchten.

»Ganz schön blöde«, sagte er, »warum nehmen sie nicht beide Hände?« und drehte sich, Zustimmung heischend, zu dem neben ihm sitzenden Mann. Dann sagte er nach Luft ringend: »He, das tut mir im Rücken weh«, dabei bemerkte er den Blick in den Augen des großen Mannes. Sie waren so kalt wie eine Straße in Moskau.

»Mach kein Theater, Levi, oder es passiert was. Dreh dich um und komm mit mir hinaus.«

Sein Mund zitterte. »Was willst du von mir, Chef? Bist du ein Polyp?«

Die Waffe stieß noch härter in seine Nieren. Das Taxi fuhr sie in eine Nebenstraße in Pimlico und zu dem Raum mit der konischen Wandverkleidung.

Als der große Mann russisch sprach, wußte Levi, daß die Lage heikel war.

»Levi, ich habe wenig Zeit. Was hast du mit der Münze gemacht?«

»Sind Sie einer von denen?«

»Einer von wem?«

»Nun, Sie wissen ja, was immer dieser Pole auch machen mag.«

»Welcher Pole?«

Levi schwieg. Er hatte die Geschichte mit dem Mädchen ganz vergessen, bis der große Mann ihn herausgeholt hatte. Aber der war kein Polyp. Was auch in den Zeitungen darüber stehen mochte, ein Polyp würde sich nie trauen so vorzugehen wie dieser Bursche. Und offensichtlich wußte er etwas über die Zehn-Pence-Münze. Er hatte sich schon gedacht, daß der Pole etwas im Schilde führte, sonst hätte er nicht so viel gezahlt, bloß um die Münze zurückzubekommen. Vielleicht war dieser Bursche hier der Freund des Mädchens oder ihr Bruder oder etwas ähnliches. Dann fuhr ihm die große Faust ins Gesicht, und Levi schrie: »Um Himmels willen, was wollen Sie von mir?«

»Den Namen des Polen.«

»Ich weiß seinen verdammten Namen nicht, Kumpel. Für mich klingen sie alle gleich. Ich weiß nur, daß er Pole ist und irgendwo in Chelsea oder Fulham wohnt.«

»Wo, genau?«

»Das weiß ich nicht – wir haben uns im Pub getroffen.«

»In welchem Pub?«

»Es heißt ›Bricklayers' Arms‹ – zwischen Fulham Road und King's Road.«

»Und dann solltest du die Münze stehlen? Wieviel hat er dafür gezahlt?«

»Hundert Pfund.«

»Hat er dir gesagt, du sollst das Mädchen umbringen?«

Levi hielt sein Gesicht, und seine Unterlippe zitterte. »Nein, das habe ich getan. Ich weiß nicht, warum, es kam so über mich, irgend etwas stimmte nicht, daß sie mich altes Schwein da ran ließ – und sie lachte noch darüber und . . .«

»Vergiß es. Was hast du mit der Münze gemacht?«

»Dem Polen gegeben, und er gab mir die noch fehlenden fünfzig Pfund.«

»Hast du die Münze geöffnet?«

»Ich hab' es versucht, aber es ging nicht, sie war zu fest zusammengepreßt. Der Pole hat sie aber aufgekriegt, ehe er mir das Geld gab. Ein Stück Plastik war darin.«

»Wie ist er auf dich gekommen?«

»Wahrscheinlich hat er irgend jemand auf dem Markt gefragt und gesagt, daß er jemand aus dem Metier brauchte«, er zuckte die Schultern, »sie kennen mich alle.«

Nachdem er dem Operationschef SIS berichtet hatte, fragte Anders: »Soll ich Levi der Polizei übergeben oder nicht?«

Lange Pause. »Das ist tatsächlich ein Problem – ich überlasse es ganz Ihnen.« Und dann hängte er auf.

Anders wußte, wenn einem solche Sachen überlassen wurden, bedeutete das, daß sie es nicht über sich brachten, laut zu sagen, was sie wirklich wollten. Aber er hatte verstanden. Es gab gute Gründe, Levi aus dem Weg zu räumen, er war ein Verbrecher, ein Psychopath, ein Mörder, und mit dem Mord an dem Mädchen käme die ganze Geschichte heraus, wenn die Sache vor Gericht gebracht würde. Aber Anders war sich nicht sicher. Er würde die Sache noch ein oder zwei Tage überlegen.

6

Die Trident wurde etwas unruhig im Gegenwind, und aus dem Lautsprecher hieß es: »Bitte schnallen Sie sich an, wir werden in Kürze auf dem Internationalen Flughafen Orly landen.« Anders nahm ein Taxi nach Paris und ließ sich am Ritz absetzen, wo er sich einen Whisky bestellte und ein Telefongespräch führte. Dann nahm er seine kleine Flugtasche, ging zum äußersten Ende der Place Vendôme, und einige Minuten später nahm er ein Zimmer in einem kleinen Hotel am Boulevard des Capucines. Er stieg gerade aus der Badewanne, als das Telefon läutete.

»Monsieur MacDonald vous attend au bar, m'sieur.«

Anders bat, ihn heraufzuschicken. Er freute sich, MacDonald wiederzusehen. Ihr letztes Treffen lag über ein Jahr zurück.

Beim zweiten Drink sagte Anders: »Hast du die Telefonnummer überprüft?«

MacDonald nickte. »Es ist eine Art Gästehaus der russischen Botschaft für VIPs, die länger als zwei Tage bleiben. Ein Haus in der Avenue Foch, hübsche Villa im eigenen Garten. Unwahrscheinliche Sicherheitsvorkehrungen, Posten, Hunde und sicher ein Haufen Elektronik.« Er grinste. »Kurz, ein Schlupfwinkel für den KGB.«

»Hat man eine Ahnung von der Besetzung?«

»Ein ständiger Wechsel, aber es gibt einige alte Hasen. Wir haben einen gewissen Zugang durch SMERT.«

»Ist das die alte Gruppe von Okolovich?«

»Ja, und sie sind im Augenblick die einzigen, die irgendwie das System der Sowjets infiltriert haben. Sie führen keine Operation oder Mission mehr für uns aus, aber kooperieren doch von Fall zu Fall – sie brauchen die Moneten.«

»Wie schnell kannst du mit deinem Kontaktmann im Haus Verbindung aufnehmen?«

»Nicht vor morgen Mittag.«

»O. K. Kannst du ihm sagen, daß ich diese Kléber-Nummer Punkt vier Uhr nachmittags anrufen werde? Er soll den Burschen, der den Anruf entgegennimmt, überprüfen und uns Hintergrundinformationen über ihn liefern.«

Der Anruf der Kléber-Nummer war kurz und wurde französisch geführt. Er hatte sieben Adressen erhalten, die er, wie in seinen Instruktionen aus Moskau vorgesehen, an die Franzosen weitergeben sollte, denen er im übrigen jede verlangte Unterstützung zu leisten hätte. An jedem geraden Datum sollte er telefonisch nach Paris berichten.

Macs Informant wußte nicht viel. Der Mann, der den Anruf entgegengenommen hatte, war Pole, ein jüngerer Offizier in Z-11, Sprengstoffspezialist, der erst fünf Wochen in Paris war. Machte keinen sehr umtriebigen Eindruck.

Anders telefonierte mit dem Herrensitz in Hampshire, um die Adressen überprüfen zu lassen, und bekam den Bericht kurz nach Mitternacht. Zwei waren die Adressen der amerikanischen Botschaft und des amerikanischen Informationsamtes in London, die fünf anderen bezogen sich auf das Canada House und die Londoner Zentralen großer kanadischer Firmen. Als der Bericht durchkam, war Mac noch bei ihm, und es war ziemlich deutlich, worauf es hinauslief. Es ging auf alle Fälle nicht nur um die Akten.

Schweigend trank er seinen Wodka, setzte das Glas ab und sagte: »Mac, habt ihr irgend jemand, den ich ausborgen könnte, der sich bei den Gaullisten auskennt und dort womöglich an die harten Leute herankommt?«

»Welche harten Leute? In Paris gibt es augenblicklich eine ganze Menge davon.«

»Politische Hartköpfe – Barbouze-Typen – ehemalige Armeeleute – Ex-Résistance-Typen, die noch immer mitmischen.«

»Das wird nicht einfach sein. Bestimmt habe ich niemand, der in allen diesen Kreisen zu Hause ist, und wenn ich ihn hätte, würde ich ihn bestimmt nicht hergeben. Ich könnte jemand auftreiben, der die Szene kennt, aber nicht selbst verwickelt ist – würde das genügen?«

»Vielleicht – aber es müßten doch mit dem Geschäft vertraute Leute sein.«

»Ich rufe dich morgen an, wenn ich meine Listen durchgesehen habe.«

Anders rasierte sich gerade, als am nächsten Morgen die Glokke an der Tür läutete. Beim Herein-Rufen fiel ihm ein, daß die Tür verschlossen war. Als er öffnete, sagte das Mädchen:

»Hallo, Tad.«

»Wer sind Sie?«

»Ihr Freund schickt mich her. Darf ich hereinkommen?«

Sein Telefon läutete, er zögerte und führte das Mädchen in das Wohnzimmer, schloß die Tür und hob den Hörer ab. Es war Mac.

»Tad, ich schicke dir ein Mädchen.«

»Gerade eben ist sie angekommen.«

»Sie ist genau das, was du brauchst. Ich hatte sie gestern ganz vergessen. Hier kann ich sie nicht gebrauchen, sie ist verpfiffen worden. Ich habe ihr einige sie betreffende Aufzeichnungen mitgegeben. Zur doppelten Kontrolle hat sie eine Losung. Du sagst ein paar Worte aus der Marseillaise, und sie wird fortfahren. Sie hat Erfahrung, ist intelligent und mutig. Teil mir mit, ob du sie willst, und wenn ja, dann nimm sie besser ganz auf deine Rechnung.«

Anders rasierte sich fertig, zog sich vollends an und versuchte, seine Gedanken in Ordnung zu bringen. Er wollte keine Frau für diesen Job, aber es hatte den Anschein, als ob er niemand anderen von dem Pariser SIS bekommen könnte. Er ging in das Wohnzimmer, setzte sich dem Mädchen gegenüber und sagte:

»Qu'un sang impur . . .«

Einen Augenblick runzelte sie die Stirn, lachte dann und fuhr fort: ». . . abreuve nos sillons.«

Anders war sich nie ganz klar gewesen über den Unterschied zwischen »schön« und »hübsch«. Aber für dieses Mädchen gab es ein Wort: sie war überwältigend. Groß, gut geschnittenes, le-

bendiges Gesicht. Sie trug ein schwarzes Chanel-Kostüm und
eine einfache weiße Bluse aus Seide. Er verstand zwar nicht viel
davon, aber vermutete, daß sie an den langen, wohlgeformten
Beinen Nylonstrümpfe trug. Sie lächelte, und ihre weißen, ebenmäßigen Zähne schienen dazu geschaffen, in knackige Äpfel zu
beißen.

Sie reichte ihm einen Umschlag. »Entschuldigen Sie, möchten
Sie einen Drink?«

Sie schüttelte den Kopf, und ihr langes, blondes Haar bauschte
sich wie auf einer Fernsehreklame für Haarwaschmittel. »Nein,
danke, aber ich hätte gern eine Zigarette.« Als sie sich zurücklehnte und den ersten Zug tat, öffnete er den Umschlag, in dem
zwei getippte Bogen waren.

Sie hieß Marie-Claire Foubert, war 27 Jahre alt, Tochter von
Jean Foubert, einem Offizier bei den Gebirgsjägern und später
in einer Sondereinheit, 1944 in Perpignan von der Miliz festgenommen und der Gestapo überstellt. Zwei Wochen später starb
er im Gefängnis von Fresnes. Die Mutter stammte von den Seychellen, von der Hauptinsel Mahé. Sie war nun mit einem höheren Beamten der madegassischen Republik verheiratet und lebte in Diego Suarez.

Das Mädchen war als Journalistin ausgebildet, war freiberuflich tätig und recherchierte ab und an für andere Journalisten.
Als sie zwanzig Jahre alt war, wurde sie für den SIS angeworben, war aber im letzten Jahr nicht eingesetzt gewesen. Ihre letzte
Übung im Pistolenschießen waren 97 Punkte aus 25 Meter Entfernung, und sie besaß außerdem eine vollständige Ausbildung in
Karate. Sprachen: Französisch, Englisch und Deutsch. Keine
Strafverfolgung von seiten der Polizei oder Sicherheitsbehörden.
Stand vor der Heirat mit einem Engländer, einem SIS-Mann, der
vor 18 Monaten in Berlin umgekommen war, als er in der DDR
ein Sendenetz aufbauen wollte. Emotional ausgeglichen, hervorragende Gesundheit. Bekam eine kleine Pension vom SIS. Nicht
in Frankreich selbst, Algerien, Saigon oder Thailand einzusetzen.
Blinddarmnarbe und eine Reihe Verbrennungsnarben am linken
Oberarm und Schulter. Besuch des Gymnasiums in Lyon und
später der Sorbonne, Funkausbildung gescheitert. Mit fünfundzwanzig Abort in London nach mehrmaliger Vergewaltigung in
dem Militärgefängnis Nr. 7 in Saigon. Besaß ein Nummernkonto
bei der Zürcher Landesbank Nr. 4937212. Weiß nicht, daß diese
Tatsache dem SIS bekannt ist. Kontostand ungefähr 57 000 Dol-

lar laut letztem Scheck (vor 14 Tagen), außerdem Depot und Girokonto an der Banque d'Indo-Chine mit 30 000 bzw. 27 875 neuen Franken. Pflegt Umgang mit Journalisten, Rundfunkleuten, nicht mit Politikern. Keine nahen Verwandten bekannt. Einziges Kind. Väterliche Verwandtschaft hat die Beziehung nach der Heirat abgebrochen.

Als er fertig war, blickte Anders zu dem Mädchen hinüber, und es gefiel ihm, sie einige Augenblicke anzusehen.

»Hat Ihnen Mac irgend etwas darüber gesagt, wozu ich Sie brauche?«

Sie schüttelte den Kopf. »Nein, er sagte nur, Sie wären vom SIS.«

»Gibt es außer den Ländern, die Ihnen verboten sind, irgendeine Arbeit, die Ihnen nicht liegt?«

»Sie meinen eine Arbeit für den SIS?« Er nickte und sie zuckte die Schultern und sagte: »Nein, ich habe schon allerhand für sie erledigt. Können Sie mir sagen, worum es bei dieser Operation geht?«

»Es ist besser, wenn Sie es nicht wissen – wenigstens in diesem Stadium. Ich bin mir auch noch nicht klar darüber, wie ich Sie einsetzen soll, aber in London ist eine Gruppe Franzosen, die infiltriert werden muß. Dabei könnten Sie helfen.«

Zwei Stunden später saßen sie in zwei weit voneinander entfernten Sitzen in der Abendmaschine nach London. Neben dem Mädchen saß ein Amerikaner, der ganz schön ranging. Anders hatte den Eindruck, daß er erfolgreich war.

7

Auf dem Markt am Ende der Rue Mouffetard ist immer viel Betrieb, und jeder, der über kein großes Budget verfügt, kann dort das einkaufen, was er zum Leben braucht: Wein und Nahrungsmittel, Kleider und Eisenwaren. Folgt man der ansteigenden Straße, stößt man auf die Rue Descartes. Und in dieser Straße liegt das Gymnasium Henri IV.

1949 war André Prouvost einer der Schüler dieses Gymnasiums. Da seine Familie in einer Dreizimmerwohnung in der Rue Mouffetard wohnte, wurde er von den eingebildeten Söhnen und Töchtern aus Pariser Kaufmannskreisen und zweitrangiger katholischer Botschafter etwas herablassend behandelt. Er machte seinen Weg bis zur Sorbonne, aber das Gymnasium vergaß er nie.

Weil er eher gescheit als intelligent war, brachte er seinen persönlichen Ärger in einem schon etablierten und traditionellen Protest unter. Diese Art Märtyrer verlangen nach Extremen, also mußte dieser Protest aus der ganz linken oder der ganz rechten Ecke kommen. Eigentlich hätte ihm die Linke mehr gelegen, weil er von Natur aus ein Zerstörer und kein Bewahrer war, aber bei einer solchen Entscheidung spielt oft der Zufall eine Rolle.

Wie so oft bei jungen Männern war bei André Prouvost ein Mädchen im Spiel, die lebhafte, hübsche Tochter eines Abgeordneten, eines Republikaners, damals noch ohne das Adjektiv »gaullistisch«. Die muntere Tochter hatte ihn in die weibliche Anatomie eingeführt, und der noch flottere Vater erzählte ihm von dem Leben im Freien Frankreich unter de Gaulle in London und Algier.

Wie ein spielendes Kind, das zwei Stück Plastilin miteinander verknetet, hatte er die auf dem Gymnasium erlittenen Beschimpfungen mit den Beleidigungen, die dem Mann aus Colombey-les-deux-Eglises zugefügt worden waren, vermischt. Die natürliche Folge war Haß auf die Engländer und Amerikaner, was hinwiederum nicht unbedingt hinderlich für eine Karriere zu sein brauchte, die irgendwie von Beziehungen zum Establishment abhängig war. Er hatte viele kleine Jobs gehabt, fand aber schließlich eine feste Stellung als Herausgeber einer Monatszeitung »Le Maquisard«, die die Geschichte des Maquis und anderer Gruppen der Résistance lebendig erhielt. Es war nicht leicht, die Beiträge der Kommunisten und der Engländer beiseite zu schieben, aber es war doch möglich. Und Prouvost brachte es fertig. Er schrieb als freiberuflicher Journalist für mehrere Pariser Zeitungen und Zeitschriften, immer dann, wenn eine scharfe Feder dem Präsidenten angenehm sein und den Amerikanern Nadelstiche versetzen sollte. Als die »Operation Schneeball« von anderen geplant wurde, bot sich André Prouvost als geeigneter Mitarbeiter an.

Die Nationalstraße 9 führt nach Süden und verläuft ab Béziers an der Küste des Mittelmeeres, durch Narbonne nach Perpignan und zur spanischen Grenze. Heute führen zwei gute, breite Straßen dorthin, aber 1941 gab es nur eine, die weder gut noch breit war. Aber 1941 gab es Leute in London, für die die schmale Straße von Perpignan wichtiger war als die Champs-Elysées. Wenn man aus irgendeinem Grunde verduften mußte, war Perpignan das Ziel.

Es gab eine gut organisierte Kette, die einen über die Pyrenäen brachte, und hatte man großes Glück, kam man gleich weiter von der spanischen Grenze nach Madrid, und dort veranlaßte die britische Botschaft das Weitere. Wenn man nicht so viel Glück hatte, kam man in das Lager Miranda und von dort aus nach London, aber das dauerte länger.

Viele Grenzgänger mußten sich wochenlang in der Stadt verstecken, ehe ein Führer gefunden wurde, und eines der Verstecke war das Haus eines Fleischers in einer schmalen Gasse in der Nähe der Festung. Der Sohn des Hauses war nie beim Militär. Er hatte ein Geräusch am Herzen, wie die Ärzte sagten. Es hörte sich romantisch an, war es aber durchaus nicht. Er hatte sein Leben viereinhalb Jahre aufs Spiel gesetzt, und 1946 wurde Pierre Firette nach Paris ins Elysée bestellt, wo ihm der General die Hand schüttelte und Firette seine Rosette der Ehrenlegion erhielt. Ein englischer Orden kam ein paar Monate später. Als er im »Paris Match« Auszüge aus de Gaulles Memoiren gelesen hatte und daraus erfuhr, wie Churchill und Roosevelt den Führer des Freien Frankreichs behandelt hatten, schickte er den Orden empört an die britische Botschaft zurück.

1949 verheiratete er sich mit einem Mädchen aus dem Ort. Glücklicherweise hatten sie keine Kinder, denn sie entwickelte sich zu einer Xanthippe, was auch tröstliche Seiten hatte. Er hatte Zeit genug, andere Talente zu entwickeln, wenn er ab und an ausrückte. Er war Boule-Champion im Departement Pyrenäen und hatte sich so tief mit der Politik eingelassen, daß er öfters nach Paris reisen mußte. Seine Begeisterung und Aufrichtigkeit führten ihn schließlich ins Londoner Hilton.

Paul Loussier war seinerzeit aktives Mitglied eines der SOE-Nachrichtennetze in Paris, als die Résistance ihre Anhänger noch nach Hunderten zählte, nicht nach Zehntausenden, die nach 1945 dazuströmten. Er war bei der SNCF, der französischen Staatsbahn, angestellt, und seine Berichte über deutsche Truppenbewegungen und ihre Fahrpläne waren unbezahlbar. Er war ein ruhiger Mann und froh, als alles zu Ende war, aber zwei oder drei seiner Kameraden aus dem »Réseau« hielten auch in den Nachkriegsjahren die Verbindung untereinander. Sie beobachteten den Ausverkauf an Coca-Cola, an IBM, das Überhandnehmen des »Drugstore« und des »Pub«. Sie kamen mit anderen Gruppierungen zusammen, als die »Schwarzfüße« und die rebellierenden Generäle in Algier mit Aufstand drohten. Und in dieser Zeit des Terrors, als die OAS sich an dem General selbst rächen wollten, schien es natürlich, daß die Gaullisten ihre Fähigkeiten aus den Kriegszeiten im Dienst des Präsidenten und der Fünften Republik einsetzten.

8

Zwei Tage lang hatte Anders den Pub »Bricklayers' Arms« im Auge behalten, zur Lunchzeit und nachts. Aber er hatte niemanden gesehen, auf den Levis Beschreibung des Polen zutraf. Am fünften Abend las er die Abendzeitung, als neben ihm jemand einen Wodka bestellte. Als er sich nach ein paar Minuten umsah, erblickte er ihn. Blue jeans, weiter schwarzer Pulli und alles andere stimmte mit der Beschreibung überein. Beinahe 1,80 m groß, helle, rötliche Haare und ein gebrochenes Nasenbein. Er saß allein in der Ecke und sah den vier Männern beim Pfeilwerfen zu. Anders ließ sich an der Bar nieder und wartete, bis der Wirt gerade nichts zu tun hatte.

»Chef.«

»Sir, was kann ich für Sie tun?«

Anders legte einen gewöhnlichen CID-Ausweis platt auf die Theke und sagte ruhig: »Ich gehe jetzt in Ihre andere Bar, den Saloon, und würde Sie dort gern einen Augenblick sprechen.« Er schob sich den Ausweis wieder in die Hand und sagte, dem Wirt zunickend: »Also gute Nacht, vielleicht bis morgen.« Der Wirt antwortete: »Jawohl, Sir, seien Sie vorsichtig.« Anders blieb einen Augenblick auf der Straße stehen und öffnete dann die Tür, auf der »Saloon« stand. Der Wirt nickte, und er ging hinein.

»Also, was kann ich für Sie tun?«

»Was wissen Sie über den rothaarigen Mann in der Ecke mit dem Bart, der den Wodka bestellt hat?«

Der Wirt überlegte mit gerunzelter Stirn. »In den letzten Monaten ist er einige Male hier gewesen, meistens Freitag abends oder sonnabends. In den letzten zwei bis drei Wochen war er öfter hier. Er ist wohl irgend ein Künstler oder Fotograf, in dieser Richtung jedenfalls. Redet nicht viel, ist natürlich Ausländer, keine Ahnung woher, sie kommen mir alle gleich vor. Er hat aber irgendeinen Akzent.«

»Haben Sie eine Ahnung, wo er wohnt?«

»Irgendwo hinter der New King's Road, in der Nähe der Auto-

werkstatt. Vielleicht täusche ich mich, aber ich glaube, dort ist es.«
»Sonst noch etwas?«
»Nein, Chef, das wär's.«
»Sehen Sie doch bitte nach, ob er noch da ist.«
Der Wirt ging wieder hinter die Bar, drehte sich um, und während er ein nasses Glas austrocknete, drehte er sich wieder zurück und nickte.

Anders wartete in der Dunkelheit auf der anderen Straßenseite, und kurz vor der Polizeistunde kam der Mann heraus. Er sah nicht in Anders' Richtung, sondern ging die Straße hinunter zur King's Road und wandte sich dort nach rechts. Er ging langsam. Er konnte nur zur Manor Street gehen, einer kurzen Straße mit schäbigen Häusern. Anders zog sein Taschentuch, und das Taxi tauchte aus der Dunkelheit auf, stand aber in der falschen Richtung. »Bitte wenden und zum anderen Ende der Manor Street, aber schnell.« Zwei Minuten später hielt das Taxi, schaltete das Licht ab, Anders stieg aus und ging um die Ecke in die Manor Street. Sie befanden sich an den entgegengesetzten Enden der Straße, und Anders konnte den Mann im Licht der Laternen sehen. Als sie beinahe auf gleicher Höhe waren, bog sein Wild in einen verwilderten Garten ein, ging den kurzen gepflasterten Pfad hinauf und verschwand in der Dunkelheit des Eingangs. Anders war unterdessen an dem Haus vorbeigegangen, aber er hörte die Vordertür zuschlagen. Der Mann war drinnen.

Anders ging langsam die wenigen Schritte bis zu dem Gartentor und blieb im Schatten eines der Pfeiler stehen. Es war Nummer 17. Aus dem Haus drang kein Laut, und nach ein paar Augenblicken schritt Anders langsam den Pfad hinauf, hielt inne und stieg dann vorsichtig die fünf Steinstufen hinauf. Irgend jemand ging pfeifend die Straße entlang und Anders wartete, bis alles wieder still war. Bedächtig betrat er die Eingangshalle und legte seine Hand behutsam auf den dicken Metalltürknopf. Als er diesen langsam drehte, berührte sein Arm einen warmen Körper, und dann sagte jemand neben ihm: »O. K., mach auf und geh hinein – und versuch nicht, ein Ding zu drehen.« Und um diesen Worten Nachdruck zu verleihen, legte ihm der Mann den kalten flachen Lauf einer automatischen Waffe an die Backe.

Als sie nach einer Reihe Stufen den kleinen Treppenabsatz erreichten, griff der Mann um Anders herum, hielt dabei die Waffe in der linken Hand und drehte den Schlüssel mit der rechten. Sie kamen in ein großes Zimmer mit einer modernen, offenen

Treppe, die zu einem oberen Stockwerk führte. Die Einrichtung bestand aus bequemen schwedischen Möbeln, und an den Wänden hingen große Fotos von Landschaften und Stilleben.

»Hände hoch und an die Wand.«

Der Mann leerte Anders' Taschen und tastete ihn fachgerecht nach einer Waffe ab. Er untersuchte seinen Fund, fand aber nichts, um Anders zu identifizieren, außer einer an der Spitze seines Parkers 52 eingravierten Nummer, und die prüfte er nicht sonderlich genau. Danach sagte der Mann: »Dreh dich wieder um, es ist O.K., aber wer bist du, und warum bist du mir gefolgt?«

»Ich glaube, Sie täuschen sich, ich bin Ihnen nicht gefolgt.«

Noch während er sprach, traf die Pistole sein Gesicht. Als er den Mann ansah, fühlte er das Blut über sein linkes, sofort zuschwellendes Auge rinnen, und er spürte den warmen salzigen Geschmack im Mund. Instinktiv wurde ihm klar, daß er entweder sofort mit diesem Mann fertig werden müßte oder es ihm überhaupt nicht gelingen würde.

Der Mann ging, Anders immer im Auge behaltend, zurück und öffnete eine Tischschublade in der Nähe des Fensters. Er zog einen langen, dünnen, schwarzen Zylinder heraus. Anders erkannte sofort, daß es ein Schalldämpfer für die Walther-Pistole war, die der Mann in der Hand hatte. Er wußte, daß dieser Schalldämpfer viel zu schwer für diese Waffe war, so daß es schwierig war, ihn aufzuschrauben, selbst wenn man nicht unter Zeitdruck stand. Er überlegte, daß der Mann für den Bruchteil einer Sekunde würde hinsehen müssen, um das richtige Gewinde zu finden. Ihm war klar, warum der Mann den Schalldämpfer aufschraubte. Sie standen eineinhalb Meter voneinander entfernt, aber der Dämpfer war noch nicht zur Hälfte eingeschraubt. Als Anders lossprang, zögerte der Mann, weil er wußte, daß es gefährlich war, mit einem lockeren Schalldämpfer zu schießen, und da hatte auch schon Anders die Pistole mit beiden Händen ergriffen. Der Dämpfer fiel polternd zu Boden. Die linke Hand des Mannes krallte sich in Anders' Gesicht, und die Waffe zielte nach unten zwischen seine Füße. Mit beiden Händen umgriff er jetzt des Mannes Handgelenk und warf sich hin. Der Mann ging mit ihm zu Boden, und als er auf ihn zutaumelte, fuhr ihm Anders' Schulter in den Magen, so daß er sich überschlug. Die Waffe hing an einem Finger und fiel dann herunter, aber Anders kümmerte sich zunächst um den Mann, der von ihm fortrollte. Als dieser sich umwandte, trat ihn Anders an die bestimmte Stelle hinter der Hüfte, wo der Ischias am wenigsten geschützt ist, und der Mann schrie auf, weil der Schmerz unerträglich und sein Bein wie gelähmt steif hochgezogen war. Anders bückte sich nach der Walther, schob den Schieber zurück, und eine scharfe Patrone fiel heraus. Er ließ den Verschluß zuspringen, und die Waffe war wieder schußfertig. Er wartete einen Augenblick, aber der andere war hilflos, alles Blut war aus seinem Gesicht gewichen, das rechte Bein zitterte und war nicht zu gebrauchen.

Anders telefonierte und setzte sich dann wartend hin. Es dauerte beinahe eine halbe Stunde, ehe er sie die Treppen hinaufkommen hörte. Commander Bryant betrat als erster den Raum, sah sich um und sagte zu seinen Leuten: »Sergeant, Sie halten diesen Burschen in Schach, und Sie beide führen eine gründliche Durchsuchung des Raumes durch.« Er legte eine Hand auf Anders' Arm, und mit einem Blick in sein Gesicht sagte er: »Das sollten wir zuerst reinigen.« Die zweite Tür, die er öffnete, war das Badezimmer, und während er die Schwellungen und Schnitte auf Anders' Gesicht betupfte, fragte er: »Wer ist der Junge, oder möchten Sie das für sich behalten?«

»Für ihn waren die Münzen bestimmt. Beinahe sicher, daß er zu Z-11 oder KGB gehört oder zu beiden. Ich habe ihn beschattet, aber er war mir über. Wahrscheinlich hat er mich schon in dem Pub ausfindig gemacht. Er spielte den alten Trick, schloß die Tür, als ob er hineingegangen wäre, und erwartete mich.«

Einer der Männer, die die Wohnung durchsucht hatten, steckte den Kopf durch die Tür. »Hier ist eine ganze Menge Zeug, Commander, Kurzwellensender, neues Modell, habe ich zum erstenmal vor die Augen gekriegt, voll eingerichtete Dunkelkammer mit Haufen von Negativen. Die übliche Talkumbüchse mit einem Mikropunkt-Lesegerät und das hier.« Er zeigte die beiden Hälften der falschen Münze.

Anders fragte schnell: »Steckte da etwas drin – Mikrofilme oder ähnliches?«

Der Mann von dem Sonderdezernat schüttelte den Kopf. »Nein, Sir, aber wir werden noch weiter suchen.«

Zehn Minuten später kam er zurück. »O. K., Sir. Ich denke, wir haben gefunden, was Sie suchen, es steckt noch im Vergrößerungsapparat. Er scheint es vergessen zu haben, denn es befand sich an der Kondensorlinse, deswegen haben wir es zuerst übersehen.« Er wandte sich an Commander Bryant. »Was soll mit dem ›Burschen‹ geschehen. Sir?«

Bryant sah Anders an. »Ich möchte ihn an einem sicheren Ort haben, im Studio.«

Bryant nickte dem Sergeant zu. »Würden Sie das bitte veranlassen? Übergeben Sie ihn Daniels im Taxi und fahren Sie mit.«

Anders sagte: »Könnten Sie den Mikrofilm vergrößern und ihn zu NSA zur Entschlüsselung schicken – es ist dringend.«

Bryant nickte: »Das wird nicht nötig sein. Sie schicken den Code gleich mit der Vergrößerung mit. Ich werde ihn der Chiffrierzentrale übergeben...« Anders unterbrach: »Bitte nicht den Film selbst, nur eine Vergrößerung.«

Anders blieb noch eine Stunde allein in der Wohnung des Mannes. Er wollte sich ein Bild von ihm machen, ehe er ihn verhörte. Es war schon beinahe Morgen, als er in King's Road ein Taxi nahm und sich in Grosvenor Road Embankment absetzen ließ. Von dort aus ging er zu Fuß zum Studio. Der Mann befand sich in einer der kleinen Zellen. Durch das Guckloch betrachtet, wirkte er niedergeschlagen.

Anders ging zunächst zu seiner Wohnung, und dann erinnerte er sich an das Mädchen. Er klopfte an ihre Tür und ging auf ihre Aufforderung hinein. Die Nachttischlampe brannte, und das Mädchen lag im Bett und las. Er setzte sich auf das Bett, und sie legte das Buch hin. Es war »Lettres de mon Moulin«. Er fragte sich, warum ausgerechnet das.

»Hatten Sie alles, was Sie brauchten?«

Sie lächelte. »Ja, ich habe es mir gemütlich gemacht, und Mr. Daniels hat mir einen Sandwich und Kaffee gebracht. Haben Sie irgendwelche Medikamente hier?«

Als er sie erstaunt anblickte, lachte sie: »Für Ihr Gesicht – Sie brauchen Penicillin-Puder. Es ist ganz wund und Sie können sich infizieren.«

Als sie sein Gesicht versorgt hatte, stand er auf und sagte »Gute Nacht«. Das Mädchen sagte »dobranoc«, und er lächelte über ihr Polnisch. Sein Gesicht schmerzte zwar, aber er meinte doch, daß sie beide ein Lächeln brauchen könnten.

9

Am nächsten Mittag bekam Anders das Material von der Chiffrierzentrale zurück. Sein Büro in dem weiträumigen Gebäude entsprach dem Charakter seines Bewohners. Tatsache war, daß dieses Büro und ein kleines Schlafzimmer am Ende des Korridors sein Zuhause darstellten. Sein Leben war seine Arbeit, und aus dieser Welt konnte er sich nirgendwohin zurückziehen.

Eine Wand war voller Bücher, aufeinander gestapelt in Regalen. Daneben ein Stereo-Kassettenrecorder und ein Paar Tandberg-Lautsprecher. An einer anderen Wand waren Angelruten an Nägeln aufgehängt. Einige Fotos – die Tennismannschaft von 1962 des Defence College, zu der ein ernster Leutnant Anders gehörte, ein Zeitungsbild, das einen hysterisch grinsenden Hitler 1939 vor Warschau zeigte, eine Gruppe ernstblickender Offiziere vor dem Massengrab polnischer Offiziere in Katyn, eine eingerahmte Seite der »Saturday Evening Post« mit einer Seifenwerbung, die das Bild eines jungen Mädchens mit großen Augen, einem vollen weichen Mund und lockerem bauschigem blondem Haar zeigte, ein Porträtfoto von Wladimir Y. Semichastny, dem augenblicklichen und jüngsten Chef, den der KGB je gehabt hatte. Alle Wände waren weiß, und die vorherrschende Farbe der Vorhänge und Möbel war Rot.

Anders war 1,87 m groß, breitschultrig und kräftig. Sein Haar war schwarz und lockig, obwohl beinahe auf Bürste geschnitten. Er hatte slawische Backenknochen und bräunliche Haut, deren Tönung nicht nur von Sonne und Sport herrührte. Die Hände waren groß und kräftig wie die eines Rugbyspielers, obgleich er dieses Spiel nie ausgeübt hatte. Er hielt es für einen typischen englischen Zeitvertreib, sich aus Spaß Verletzungen beizubringen. Russen würden ihn für einen Russen halten, Polen für einen Polen, und den Engländern fiel überhaupt nichts Besonderes auf.

Die beiden Nachrichten auf dem Mikrofilm hatten die Namen der Franzosen enthüllt, ein Losungswort, ihren Aufenthaltsort und die vier Abschnitte der Operation: nämlich Kontaktaufnahme, Planung, Ausführung und feierliche Erklärung. Es wurden Kontaktpersonen in Kanada, den USA, Skandinavien und Deutschland genannt. Die Operation schien sich so auszuweiten, daß sie für Anders allein zu umfassend wurde, aber er beschloß, zunächst den KGB-Mann zu verhören, ehe er sich an den SIS wegen einer Neuorganisation wandte.

Krezki hatte nicht viel geschlafen. Er konnte sich nicht entschließen, welche Haltung er einnehmen sollte. Offensichtlich gehörten die Leute hier irgendwie zum britischen Sicherheitsdienst, aber wieviel wußten sie schon? In seiner Wohnung hatten sie nicht viel mehr als das Funkgerät und einige Nebensächlichkeiten gefunden, und damit war nichts zu beweisen. Er hatte als

Botschafterchauffeur diplomatische Immunität. Wahrscheinlich vermuteten sie, daß er zum Z-11 gehörte, aber über die Operation selbst wußten sie nichts, denn er selbst kannte ja erst die Hälfte der Geschichte. Schließlich beschloß er zuzugeben, daß er vom Z-11 war, und dann würden sie ihn wahrscheinlich als Persona non grata des Landes verweisen.

Wäre er nicht zufällig auf diesen besonderen Typ bei SIS gestoßen, wären seine Überlegungen gar nicht so abwegig.

Anders ließ ihn nachmittags um vier Uhr kommen.

»Name?«

»Krezki, Pawel.«

»Geboren?«

»Lemberg, 6. Januar 1925.«

»Beschäftigung?«

»Chauffeur Seiner Exzellenz Borowski, polnischer Botschafter in London.«

»Gehören Sie zum Stab der Botschaft?«

»Ja, ich habe volle diplomatische Immunität.«

Anders sah ihn an und lächelte beinahe. »Nun, wir wollen keine Zeit vertun. Wozu diente der Sender?«

»Ich bin Radio-Amateur.«

»Eingetragen?«

Krezki war nicht sicher, aber überzeugt, daß er gedeckt werden würde. »Ja.«

»Rufzeichen?«

Krezki zuckte die Schultern und gab auf. »Ich bin Offizier der polnischen Sicherheitskräfte und ich habe nicht die Absicht, weiter auszusagen.«

»Sie wollen sagen, daß Sie als Spion in diesem Land arbeiten?«

Krezki antwortete nicht. Anders stand auf, ging zum Schreibtisch und setzte sich Krezki gegenüber auf die Tischkante. Dann begann er zu dessen Entsetzen russisch zu sprechen. »Krezki, wir sind beide im gleichen Geschäft. Sie werden mir eine Menge berichten. Sie können es jetzt sofort tun, und ich werde mich Ihrer Kooperationsbereitschaft erinnern. Sie können es aber auch auf die harte Methode haben.« Anders zeigte auf die Pflaster an seiner linken Gesichtshälfte. »Mir ist es wirklich egal, welchen Weg Sie einschlagen – beide sind mir angenehm. Der eine ist leicht, der andere wäre ein Vergnügen.«

Krezki blickte in die grauen Augen und das harte Gesicht. Er hatte solche Gesichter in Moskau gesehen und er wußte, was sie zu bedeuten hatten. Dieser Mann war ein Killer. Keiner, der aus einer Gefühlsaufwallung tötete, der Lust dabei empfand, der aber auch kein Bedauern kannte, wenn es vorbei war. Er gehörte zu denen, die töteten, weil es nötig war und in den Plan paßte, so als ob ein Licht ausgeschaltet wurde. Sie suchten keine Entschuldigung, es gehörte zu einem Schachspiel. Wenn ihr Gegner einen bestimmten Zug tat, dann konterten sie automatisch und gewohnheitsmäßig. Das Opfer traf die Entscheidung, nicht sie. Anders machte keine Bewegung, während Krezki zu ihm aufblickte.

»Was geschieht, wenn ich kooperiere?«

»Das hängt davon ab, wie weit Sie kooperieren und in welcher Weise. Was sollte dann geschehen?«

Krezki seufzte tief und blickte wieder auf: »Hier bleiben, würde ich sagen.«

Anders nickte. »Wir werden sehen«, und ging damit zu seinem Sessel zurück. Er beugte sich vor, legte die Arme auf den Schreibtisch. »Berichten Sie mir über die Franzosen.« Und Krezki begann zu sprechen.

Marie-Claire Foubert nahm ein Zimmer im Hilton. Sie wollte im 15. Stock wohnen und bekam das Zimmer Nr. 1501. Als sie aus dem Fenster sah, war es schon ziemlich dämmerig und sie konnte die wie kleine Modelle aussehenden Autos auf der Park Lane fahren sehen. In der nächsten Stunde machte sie sich daran, das Hotel zu erkunden, wo sich die Bars und Restaurants befanden, die Läden, die Räume der Angestellten und die Ausgänge. Schließlich kaufte sie sich ein Paket Gauloises, den »Figaro« von heute morgen und die französische Ausgabe von »Vogue«. Sie hatte die drei Zimmer der Franzosen im 5. Stock ausfindig gemacht, und nun war es nur noch eine Frage der Zeit. Sie warteten nun schon fast zwei Wochen und würden wahrscheinlich allmählich gelangweilt und ungeduldig geworden sein.

Über eine Stunde saß sie in der Ecke der Hauptbar, las in ihren Zeitschriften und nippte an einem gut gemixten Martini. Während dieser Zeit wurde sie auf plumpe Weise von Arabern angesprochen, beinahe schwärmerisch von Schweden, mit jungenhaftem Charme von Amerikanern und von Engländern lediglich begierig und abschätzend gemustert. Sie hatte gerade ihren dritten Drink bestellt, als der Franzose hereinkam. Er war groß, schlank, blaß. Amerikanischer Anzug, Fliege, Hände in die Hüften gestemmt und offensichtlich sehr mit sich zufrieden. Er warf dem Mädchen einen Blick zu, sah dann weg, schnalzte mit den Fingern einem Kellner und bestellte einen Drink. Sie hielt ihn für einen Korsen oder einen Italiener aus dem Grenzgebiet – er wirkte plump und vulgär wie viele italienische Männer, aber ohne deren Charme. Das Fingerschnalzen war auf sie gemünzt, und während er auf seinen Drink wartete, musterte er sie und kam schließlich an ihren Tisch. »Ist hier noch frei?«

Sie nickte und las weiter. Als er seinen Drink bekam, gab er ein übertrieben großes Trinkgeld. Er verschlang ihren Pulli und ihre langen, wohlgeformten Beine mit den Augen.

Die Zufallsbekanntschaft war nicht sehr unterhaltsam, und während des Essens, zu dem er sie einlud, zeigte sie, daß sie sich langweilte. Danach ging er mit ihr an die Bar. Sie hatte keine Lust zu tanzen und verließ ihn um zehn Uhr, versprach aber, mit ihm am nächsten Tag Tee zu trinken. Er stellte sich als André Prouvost vor.

10

Man traf sich in einem der SIS-Häuser in Queen Anne's Gate. Um den großen runden Tisch saßen der Chef OPS (Operationen) SIS; Major Anders; der Verbindungsoffizier des Foreign Office zu SIS, James Kent; und ein Verbindungsmann der CIA, Jake Salis. Auf dem Tisch lagen keine Akten, und der Chef Operationen SIS eröffnete die Konferenz.

»Sie sind alle über den Stand der Angelegenheit unterrichtet worden, und da Major Anders darauf hinwies, daß die Sache nun über eine Ein-Mann-Operation hinausgewachsen ist, halte ich es für besser, Sie bei diesem Stand der Dinge zu unseren Beratungen zuzuziehen. Ich möchte zunächst unsere jeweiligen Aufgaben klarstellen. Major Anders wird die Operation auch weiterhin führen. James Kent vom Foreign Office ist hier, weil eventuell auf hoher Ebene diplomatische Maßnahmen notwendig werden und er uns dabei behilflich sein kann. Jake Salis ist von der CIA zu uns abkommandiert und vertritt auch die Sonderabteilung der königlich kanadischen berittenen Polizei. CIA und NSA-Einrichtungen stehen uns zur Verfügung, und es kann als sicher angenommen werden, daß Kanada und die USA genau so wie wir daran interessiert sind, diese Sache zu entschärfen. Bitte, Major Anders, informieren Sie uns über den Stand der Dinge auf.«

»Wir wissen jetzt, daß es sich um eine KGB-Operation handelt, unter Einschaltung des polnischen Nachrichtendienstes Z-11 und einer Gruppe Franzosen. Diese Operation ist ganz typisch nach KGB-Muster angelegt. Sie ist äußerst komplex konzipiert, und wir stoßen ziemlich schnell auf die einzelnen Elemente. Wir besitzen beide Teile der Instruktionen, aber es handelt sich nur um die ungefähren Absichten und Kontaktpersonen. Der nächste Schritt der Operation sollte durch den Polen Krezki vorgenommen werden. Den habe ich sichergestellt. Er ist gesprächig, aber aus Moskau stehen noch nähere Anweisungen aus. Die Franzosen, jedenfalls die augenblicklich aktiven, sind im Hilton, und das Mädchen hat mit ihnen Kontakt aufgenommen. Die NSA hat den KGB-Code geknackt. Ich habe jetzt die Sendezeiten aus Moskau und die Zeiten und Wellenlängen, die der Pole für seine Funkmeldungen benutzt hat. Bisher ist der Sender noch nicht oft in Gebrauch gewesen. Die Verbindung wurde meistens per Mikrofilm hergestellt, aber jetzt werden sie Funk einsetzen müssen, wenn die Dinge in Fluß kommen. Sie sind . . .«

Sir John Walker unterbrach und blickte auf den CIA-Mann.

»Jake, Sie wollten etwas fragen?«

»Ja, Sir, ich möchte Major Anders fragen, wie weit Krezki kooperieren will, ob wir ihn völlig umdrehen und dabei auch die Funkverbindung einschließen könnten.«

Anders warf Sir John einen Blick zu und erhielt ein zustimmendes Nicken. »Bis jetzt hat er kooperiert. Wenn ich ihn zu sehr antreibe mit der Funkangelegenheit, könnte er sich dagegen stemmen. Er wartet nun ab, was wir ihm für ein Geschäft vorschlagen.«

Jake Salis blickte hinüber zu Anders: »Haben Sie eine Ahnung, was er will?«

»Eine Pension. Ich meine, er würde mit 1500 bis 2000 Pfund zufrieden sein, dazu die nötigen Schutzmaßnahmen zu Beginn und wahrscheinlich später Wohnsitz in Australien.« Anders lächelte. »Noch ein ziemlicher langer Weg, von hier aus gesehen.«

Sir John lehnte sich zurück. »Scheint nicht allzu schwierig, Tad. Was macht er jetzt im Augenblick?«

»Er soll ein paar Tage in seinem Saft schmoren und den Eindruck gewinnen, daß wir ihn nicht allzu sehr brauchen, er wurde etwas kiebig. Ich denke, ich könnte ihn dazu bringen, mitzumachen, wenn ich auf der Basis einer Zahlung mit ihm verhandelte und die Fleischtöpfe Londons mit ins Spiel brächte.« Er hielt inne und sah in die Runde.

James Kent vom Foreign Office ergriff das Wort. »Ich werde einige Pressemitteilungen vorbereiten. Auf die Schwierigkeiten, ja Unmöglichkeiten hinweisen, die eine Invasion über 3000 Meilein Atlantik zur Befreiung Europas mit sich brächte. Und ohne irgendwie auf Einzelheiten einzugehen, sollen unsere Leute in den verschiedenen Ländern doch angewiesen werden, die Ohren offenzuhalten, wenn es irgendwo Gerede gibt, das unser Verhältnis zu den Vereinigten Staaten berührt.«

Sir John nickte zustimmend. »Also, Tad, welche Art Unterstützung brauchen Sie?«

»Ja, Sir, im Augenblick möchte ich Verbindung zu einem Sprengstoffexperten, von diesem Gebiet verstehe ich nichts, bin nicht auf dem laufenden, aber hauptsächlich deswegen, weil ich vermute, daß es sich hier um eine viel größere Operation handelt, als wir bisher aufgedeckt haben. Ich glaube, sie warten auf irgendein Ereignis, ehe sie die nächste Etappe in Angriff nehmen. Diese Operation wäre dann für die Sowjets der größte Coup seit der U-2-Affäre und würde sich noch weit besser auszahlen. Ich glaube, die Franzosen sind auf die Idee gekommen und haben sich wahrscheinlich an die Polen wegen der Finanzierung gewandt, und die Polen verkauften die Idee dem KGB, der sofort die Möglichkeit erkannte und die Sache nun viel größer aufziehen will, als die Franzosen ursprünglich wollten. Ich möchte eine regelrechte Unterstützungsoperation anregen, die alle meine Erkenntnisse begutachtet, die neu dazustoßenden Mitglieder diplomatischer Vertretungen an kommunistischen Botschaften und Missionen überprüft, volle Kontrolle des Funkverkehrs und der sowjetischen ›Schläfer‹ in Großbritannien übernimmt. Ich werde für die Infiltrierung und Überwachung Sorge tragen, aber es gehört mehr dazu, um wirklich ständig auf dem laufenden über alle Erkenntnisse aus anderen Quellen zu sein.«

Ehe Sir John antworten konnte, sagte James Kent: »Major, gibt es irgendeinen Grund, warum Sie sich nicht direkt mit diesen Franzosen auseinandersetzen?«

»Nun, im Moment wissen wir wenigstens, woher der nächste Schritt kommt. Wenn ich diese Gruppe ausschalte, wird deswegen die Operation nicht abgeblasen. Wir müssen zugeben, daß wir Glück hatten, dieses alles überhaupt aufzudecken. Wenn sie neu anfangen, können wir vielleicht die nächste Gruppe nie ausfindig machen und werden nur aus den Schlagzeilen der Zeitungen Neues erfahren, und die folgenden Sprengstoffanschläge werden dann noch mehr böses Blut machen.«

James Kent runzelte die Stirn. »Warum Sprengstoffanschläge – das höre ich zum ersten Mal.«

»Die Kontaktperson in dem KGB-Haus in Paris ist ein Sabotage- und Sprengstoffexperte. Das ist kein Zufall. Die Indiskretionen der Presse würden Spannungen hervorrufen, aber inszenierte Proteste – Demonstrationen, Explosionen usw. – bedeuteten eine wirkliche Eskalation und könnten darüber hinaus die Lage für Monate auf dem Siedepunkt halten. Ähnlich etwa wie bei den Arabern in Israel.« Dann wandte sich Anders an Sir John: »Sir, ich muß in meine Dienststelle zurück. Kann ich Ihnen und den anderen Herren überlassen, für meine Bitten Sorge zu tragen?«

»In Ordnung, wir bleiben über das Studio in Verbindung.«

Das Mädchen hatte beinahe eine halbe Stunde in Anders' Büro gewartet und sich dort umgesehen, um vielleicht Hinweise auf den Charakter dieses seltsamen Mannes zu finden. Kein Nachrichtendienst gestattet gefühlsmäßige Bindungen zwischen den ausführenden Personen, doch Sex war etwas anderes. Aber dieser Mann war seltsam, er interessierte sich für sie und war besorgt um ihre Sicherheit und ihre Stimmung, aber nichts weiter. Wie die meisten Männer, blickte er stets in ihr Gesicht, wenn er mit ihr sprach, als ob es ihm Freude machte, sie anzusehen, aber seine Augen glitten dann nicht auf ihren Pulli herunter, wie die der anderen. Vielleicht war er ein Homo? Aber wie Mac ihr erzählt hatte, gab es da Mädchen.

Und in einer entweder russischen oder polnischen Bibel lag ein kleines, zerknittertes und verblichenes Foto eines kleinen steinernen Ferienhauses, an dessen Gartenzaun eine junge Frau und ein kleiner Junge standen. Die Frau hatte ihre Hand auf der Schulter des Jungen, der in ihr lächelndes Gesicht aufblickte. Der Junge konnte sehr wohl Anders sein.

Das Zimmer war ruhig und friedlich, als ob ein Hund auf die Rückkehr seines Herrn wartete. Sie fühlte sich sicher und empfand es nicht als Störung, als Anders hereinkam, »hallo« sagte, seine Aktentasche auf den Schreibtisch warf und sich hinsetzte. Er sah zu ihr herüber und hatte die Arme auf die Stuhllehnen gelegt. »Sie sehen anders aus – schön wie immer – doch anders.« Sie lächelte und sagte nichts. Dann grinste er: »Sie haben eine andere Frisur und einen neuen weißen Pulli.«

Sie nickte. »Mein lieber Kleiner hat mir den Pulli geschenkt.« Dann fuhr sie fort, als ob sie das Gespräch über ihre Person abbrechen wollte: »Gestern und heute habe ich mit ihnen gegessen. Sie sind heute morgen aus Stockholm angerufen worden, und seither scheinen sie angespannt. Ich hatte den Eindruck, daß sie irgend jemand erwarten, irgend jemand wichtigen. Und sie wollten ein Haus mieten. Sie hatten Angebote von Maklern, die meisten im Themsetal gelegen. Morgen früh gehe ich mit meinem lieben Kleinen ein Haus besichtigen.«

»Wo?«

»Das weiß ich nicht, aber wir werden in einem Pub, das ›Der Bulle von Bisham‹ heißt, zu Mittag essen.« Anders schrieb sich den Namen auf, dann sagte das Mädchen: »Sie haben Wertsachen im Hotelsafe. Ich weiß nicht was, aber ich habe eine Quittung über fünf Päckchen gesehen.«

Nach einigen Schwierigkeiten erhielt Anders vom Hotelmanager die Genehmigung, zusammen mit dem Sicherheitsmann des Hilton die Päckchen im Hotelsafe zu prüfen.

Als dieser sagte: »Brauchen Sie einen Wasserkessel, Mr. Anders?« lachte Tad: »Nein, danke, das war früher einmal gut genug, aber wenn man mit einem Messer und Dampf den Verschluß öffnet, sieht man hinterher die Spuren der Schneide.«

Er nahm eine kleine Spraydose aus seiner Tasche und besprühte leicht die Klappen der Umschläge. Er fand fast 20 000 Dollar in American-Express-Reiseschecks, 30 000 Dollar in bar, dazu 25 000 Pfund in Noten der Bank von England, außerdem irische, britische und schwedische Pässe für jeden der drei Franzosen. Der letzte große Umschlag enthielt Fotos von Dokumenten. Einen Brief Präsident Roosevelts an Churchill, einen ähnlichen von Mackenzie King, ein Originaldokument aus dem Nazi-Forschungsamt, nämlich einen entschlüsselten Funkspruch Roosevelts an die amerikanischen Botschafter in Vichy und Moskau, und schließlich einen kurzen Bericht MacLeans aus Moskau mit Vorschlägen, wie man Verbindung zur britischen Presse aufnehmen könnte, dazu eine Anmerkung, wie das »D«-Nachrichtensystem funktioniert (»D« notice = Defense notice, Nachrichten, die von der Presse, weil der nationalen Sicherheit abträglich, freiwillig zensiert werden.)

Anders fotografierte die Dokumente und jede Seite der Pässe und steckte sie wieder in die Umschläge. Ehe er die Pässe hineintat, legte er einen dünnen Metallstab über die Fotos. Das hinterließ keinen Abdruck, aber falls die Pässe unter einer besonderen Lampe, wie sie sich an jedem Grenzübergang für Ausländer befanden, geprüft würden, käme ein breiter violetter Streifen ans Tageslicht.

Anders kaufte sich den »Evening Standard« am Kiosk im Hilton, und als er ins Foyer ging, sah er das Mädchen zusammen mit dem Franzosen. Als sie den Lift verließen, legte der Mann den Arm um ihre Taille, als ob sie zu ihm gehörte, und einen Augenblick lang empfand Anders einen Anflug von Eifersucht. Sie betraten eine Telefonkabine, Anders zögerte, ging aber dann langsam die Treppen hinunter, am Springbrunnen und am Blumengeschäft vorbei und aus dem Hintereingang hinaus. Als er an dem Schaufenster des Blumengeschäftes vorbeikam, fiel ihm eine große Vase mit herrlichen roten Rosen auf. Die Blüten von einem tiefen dunklen Orangerot auf langen anmutigen Stengeln erinnerten ihn irgendwie an das Mädchen. Einem Impuls folgend ging er durch die Schwingtür und kaufte die Rosen. Sie waren voll erblüht und dufteten, und auf dem Schildchen stand »Ein Dutzend Soraya«. Im Studio in Pimplico legte er sie auf ihr Bett.

Er benutzte das Verwürflungstelefon zum Haus in Hampshire und ließ dann Krezki kommen.

Es dauerte etwas, ehe er mit Krezki einig wurde, der 3000 Dollar für einen Funkspruch nach Moskau verlangte. Er ließ einen Codespezialisten und einen Funktechniker des Sicherheitsdienstes kommen, um die Sendung zu verschlüsseln und Krezki zu überwachen. Es gab keine Schwierigkeiten, und Moskau wurde die Nachricht zugespielt, daß Krezki aus Sicherheitsgründen die Botschaft verlassen, aber sichere Deckung habe und weitere Instruktionen erwarte. Die beiden letzten Wörter des Funkspruchs waren Kontrollzeichen, daß er beide Teile des Mikrofilms erhalten hatte.

Als Anders wieder allein war, legte er eine Kassette ein, und zwar Elgars Cellokonzert, gespielt von Jacqueline du Pré. Zu müde, um sich in einen bequemen Sessel zu setzen, lehnte er sich zurück und verschränkte die Arme hinter dem Kopf. Die Musik war typisch für alles, was er an den Engländern liebte. Aber er wußte, daß bei der Mischung der Gene seiner englischen Mutter und seines polnischen Vaters, die seinen Charakter und sein Temperament programmiert hatten, alle Antriebskräfte von seinem Vater kamen. Er war Engländer, aber ein anderes Selbst, ein Pole stand daneben und beobachtete. Der Pole handelte, der Engländer dachte – immer getrennt voneinander, nie gemeinsam. Er wußte, daß das keine glückliche Mischung war, ein Katalysator war nötig, um sie zusammenzuschmelzen.

Während des dritten Satzes öffnete sich die Tür, und das Mädchen kam herein. Sie sah ihn an und glitt dann in einen Sessel, legte den Kopf zurück und lauschte auch der Musik. Als sie zu Ende war, blickte sie zu ihm herüber, und er sah Tränen in ihren Augen.

»Gefiel Ihnen die Musik?«

Sie nickte. »Ja, aber die Rosen gefallen mir noch besser. Warum haben Sie das getan?«

Er zuckte mit den Schultern. »Ich hatte Sie gerade getroffen, dann sah ich die Blumen, die mich an Sie erinnerten, und ich kaufte sie – so einfach war das.«

Das Mädchen schwieg einen Augenblick und stand dann auf. Als sie die Tür öffnete, drehte sie sich um: »Sie haben einen Wagen gekauft, einen Jaguar, einen Gebrauchtwagen. Er wird morgen früh auf dem Hotelparkplatz angeliefert. Sie haben die Hausbesichtigung bis morgen verschoben, weil sie erst den Wagen haben wollten.«

»Welche Autonummer?«

»GBH 491 G – er ist weiß.« Einen Augenblick blieb sie stehen und sah ihn an, dann machte sie die Tür hinter sich zu.

Anders rief die technische Funkabteilung an und gab kurze Anweisungen und die Autonummer durch. Kurz nach Mitternacht hatten sie den Wagen im Ausstellungsraum von Henley in Piccadilly gefunden, und als sie weggingen, begann es zu dämmern.

Anders rasierte sich und merkte gar nicht, daß er ein kleines Lied von Jacques Brel summte: »Litanie pour un amour«. Ein neuer Tag begann.

11

Auf dem Straßenschild stand »Temple ¾ Meile«, als der weiße Jaguar die Hauptstraße verließ und in einen kurvenreichen, schmutzigen Weg zu einer großen Toreinfahrt einbog, mit dem Namen »The Mill House«. Das Mädchen begleitete den Franzosen zur Hausbesichtigung. Früher war es eine Mühle gewesen, die ihre Wasserkraft aus der über das Temple-Wehr brausenden Themse bezog. Das Haus war groß und weiträumig, die Einrichtung alt, aber nicht wertvoll. Vom Garten aus ragte eine hölzerne Brücke auf Pfeilern über das Wasser bis zum Steg, der über das Wehr zu einer kleinen Insel führte, wo das Haus des Schleusenwärters zwischen zwei großen Ulmen stand. Der Franzose sah sich auch Ställe und Nebengebäude sehr gründlich an.

Sie aßen im »Bullen von Bisham« zu Mittag, und zwischen den Gängen studierte der Mann eine Karte in großem Maßstab des Gebietes von Temple und Marlow. Nach dem Essen fuhr er über die M 4 bis zur Straßenüberführung von Chiswick und zurück, wobei er jedes Mal die Fahrtzeit prüfte. Er bat das Mädchen, im Wagen zu bleiben, während er von einer Zelle vor dem Postamt in Marlow aus telefonierte. Zehn Minuten später, im Büro des Maklers, unterschrieb er nach genauem Durchlesen den Mietvertrag und bezahlte die erste Vierteljahresmiete in bar. Mit den Schlüsseln fuhren sie zu dem Haus zurück. Es wurde dämmerig, und sie beobachteten, wie sich die Boote auf der anderen Seite des Flusses stauten, um noch vor Einbruch der Dunkelheit durch die Schleuse zu fahren, die nachts geschlossen war.

Er stellte fest, daß die Rückfahrt bis zur Überführung, ohne Überschreitung der zulässigen Höchstgeschwindigkeit, 24 Minuten dauerte und dann noch weitere 34 Minuten bis zum Hilton. Später am Abend rief das Mädchen Anders an und gab die Einzelheiten des gemieteten Hauses durch, auch daß sie am nächsten Tag wieder mit ihm hinfahren würde, um das Haus mit allem Nötigen zu versehen. Die anderen Franzosen würden nachkommen, wenn der Mann, der aus Stockholm angerufen hatte, eingetroffen sei.

Auf der Kungsgatan in Stockholm befindet sich ein Laden mit einem kleinen Fenster und engem Eingang. Männer jeden Typs gehen da aus und ein, und nur wenige werfen einen Blick auf die im Schaufenster ausgelegten Magazine. Die eigentliche Ware befindet sich drinnen. Ob man Porno in Schwarz oder Weiß, als Vierfarbendruck, als Film oder Schallplatte in fünf Sprachen sucht, hierher kommen die Kenner Stockholms.

Der Mann hatte ein ledernes, verwittertes Gesicht, und von der Tweedjacke bis zu seinen gelbbraunen Wildlederboots war er der typische Engländer, wenn auch sein Bürstenhaarschnitt an einen Amerikaner denken ließ. Er blätterte in einem Magazin, legte es hin und sagte lächelnd zu dem Besitzer: »Vous avez quelque chose de bon en français?«

Dieser musterte ihn überrascht, faßte sich dann und antwortete achselzuckend: »Ça depend m'sieur – vous avez besoin de quelque chose?«

Der große Mann lachte: »Ah oui, une belle blonde avec les jambes jusqu'au derrière.«

Das war tatsächlich der richtige Mann, aber so hatte er sich ihn nicht vorgestellt. Der kleine Laden verdankte fast seinen ganzen Umsatz dem KGB. Er bot nicht nur perfekte Deckung, weil ständig männliche Kundschaft kam und ging, sondern der Kassaverkauf in vielen Währungen erleichterte Geldtransaktionen und erschwerte Nachprüfungen. Im allgemeinen jedoch waren KGB-Leute farblose Typen, so einen wie diesen hatte er noch nie gesehen, aber die Losungsworte stimmten, und man hatte ihm schon gesagt, daß dieser hier etwas Besonderes sei. Von einem Schlüsselring nahm er zwei Schlüssel und öffnete zwei Schlösser an der Tür im hinteren Teil des Ladens. Er stieß die Tür halb auf und ging hinter dem Russen hinein. Dort standen mehrere bequeme Sessel und auf einem kleinen Tisch ein Filmprojektor vor einem großen weißen Schirm. Und außerdem war da eine junge, hübsche Blondine, eine typische Schwedin, die nur einen winzigen Slip trug. Der Russe schlug die Hacken zusammen und verbeugte sich leicht lächelnd vor dem Mädchen.

»Ich sehe, Sie führen Filme vor, Mr. Heyerdal.«

Der Besitzer wandte sich zu dem Mädchen: »Du kannst jetzt gehen, Kirstin, und brauchst erst morgen wiederzukommen.«

Der Russe hob seine Pranke. »Aber ich bitte Sie, Mr. Heyerdal«, und dabei betrachtete er wohlgefällig das Mädchen, »unser Geschäft wird nicht viel Zeit in Anspruch nehmen, und ich würde mich über nette Gesellschaft heute abend sehr freuen.« Dann sprach er russisch weiter, und zwar etwas schärfer im Ton und nicht mehr ganz so charmant. »Ich nehme an, daß Sie das Päckchen und die Bilder bekommen haben.«

Der Besitzer nickte und antwortete auch russisch: »Ja, Genosse, möchtest du sie jetzt gleich?«

»Am besten, man bringt die Sache hinter sich.«

Der Schwede verschwand hinter einem Vorhang in der Ecke und kam mit einem dicken braunen Umschlag zurück, den er dem großen Mann reichte.

»Ist das alles?«

»Ja, Genosse.«

»Ich fahre morgen früh nach Bromma und werde die Nacht über hier bleiben, geht das?«

»Natürlich, wie du willst«, und dann sprach der große Russe wieder schwedisch und ging zu dem Mädchen hinüber. »Wie heißt du?«

»Kirstin Swenholm.«

Der Russe blickte lächelnd auf ihre vollen Brüste mit den rosa Warzen. »Und wirst du dich heute abend um mich kümmern, Kirstin?« Das Mädchen warf dem Schweden einen schnellen Blick zu und der nickte. Und dann hatte sie kaum noch Zeit, ja zu sagen, da griffen die großen starken Hände schon nach ihren Brüsten. Als der Ladenbesitzer die Tür hinter sich schloß, hörte er das Mädchen über irgend etwas lachen.

Das war der erste wirkliche Oberst des KGB, den er zu Gesicht bekam. Alle hatten gesagt, daß er etwas Besonderes sei, und das war er sicher. Sah aus wie ein gutsituierter Amerikaner, mit der Figur eines Berufsfußballers, seiner selbst so sicher, daß er noch nicht einmal das Päckchen nachprüfte, und dabei hatte es den KGB 10 000 Dollar gekostet plus Spesen. Liebenswürdig war er und umgänglich und machte sich schon an das Mädchen heran, ehe er das Zimmer verlassen hatte. Das taten noch nicht einmal die Stammkunden.

Aber das Mädchen war nicht erstaunt. Sie blieb ruhig stehen, als er sie betatschte, und lachte, als er sagte, sie solle den Slip ausziehen. Und sie war auch nicht verlegen, als er sich an den Tisch setzte und ihr zusah, wie sie aus dem Höschen herausstieg und nackt vor ihm stand. Aber dann war sie erstaunt, als er sie hinsetzen hieß und nach dem Umschlag auf dem Tisch griff. Sie bemerkte, daß mehrere blaue Wachssiegel darauf waren, die er vorsichtig aufbrach und die Teile in seine Tasche steckte. Er zog den Inhalt heraus und breitete ihn auf dem Tisch aus, es waren eine Menge glänzender Fotos und sechs oder sieben zusammengefaltete Bogen, die wie Baupläne aussahen mit roten Linien und Kreisen. Die Fotos waren nicht solche, wie sie sie kannte, sondern Räume mit hohen Decken, Korridore und Treppenhäuser. Es waren wohl über hundert, und der große Mann sah zufrieden aus. Als er alles wieder verstaut hatte, wurden die Verhältnisse wieder normal, und sie war wieder in ihrem Element. Seine Augen ergötzten sich an ihrem Körper, dann zog er sie zu sich heran, bis sie vor ihm stand. Alles, was er dann tat und sagte, war ihr vertraut. Mr. Heyerdal wechselte ihr am nächsten Tag die 200 Rubel.

Der große Russe holte auf dem Flugplatz in Bromma seine zwei Taschen aus dem Schließfach und flog mit einer planmäßigen Maschine nach Prestwick. Dort mietete sich Igor Rudenko, Oberst im KGB, einen Hertz-Wagen und fuhr nach Newcastle, wo er als der schwedische Architekt Sven Eklund einen normalen Flug nach London buchte. Er nahm sich ein Zimmer im Hotel Europa am Grosvenor Square und rief das Hilton an.

Die Abteilung C 11 des CID hatte das Gespräch mitgehört, und das Band ging zehn Minuten später, nachdem eine Kopie angefertigt worden war, an Anders.

12

Bei einer höheren Geschwindigkeit als 50 Meilen pro Stunde hatte die Funkabteilung des Sicherheitsdienstes Schwierigkeiten, die Unterhaltungen zu verfolgen, aber der kleine Sender, den sie hinter dem Kühlergitter des weißen Jaguar angebracht hatten, sendete ständig ein kräftiges Signal, so daß sie genau wußten, wo sich der Wagen auf der M 4 befand. Die Franzosen hatten offensichtlich dieses Haus genommen, weil es nicht nur abseits lag, sondern weil man über die M 4 leicht und schnell nach London hineinkam und auch der Londoner Flughafen nur 15 Autominuten entfernt lag.

Jeder Raum des Hauses und der Nebengebäude war fotografiert und das obere Stockwerk des Schleusenwärterhauses als Funküberwachungszentrale eingerichtet worden. Eine Video-Kamera mit einer 1000-mm-Linse bestrich den Garten und den größten Teil des Hauptzugangs zu dem Haus.

Weiter westlich, am Berkshire-Ufer der Themse, befand sich eine Reihe von Ponton-Bootsliegeplätzen. Auf Platz Nr. 5 lag ein 40 Fuß langes Bates Starcraft, das Motorschiff Donna Tomara, das Anders vom Bootsverleih gemietet hatte. Vom Haus aus war es nicht zu sehen, und die ein wenig längeren Antennen fielen in dem Antennenwald der anderen großen Boote nicht weiter auf.

Anders wartete geduldig in dem Boot, bis auch das letzte Dämmerlicht verschwunden war. Als er die große Zeder erreichte, zählte er die Schritte zu der hohen Mauer, die das Haus umgab, und dann die Entfernung zu der Einfahrt. Der Franzose und das Mädchen waren vor drei Stunden abgefahren, der Mann war im Hilton und das Mädchen im Studio in Pimplico.

Anders probierte die Schlüssel zu den drei Außentüren und ging dann durch das große Hauptportal hinein. Er kam in eine weite Halle mit Steinboden und vier weißen Säulen und einer breiten Treppe, die in den oberen Teil des Hauses führte. Von jeder Seite der Halle gingen mehrere große Räume ab, deren Möbel von Versteigerungen aus der ländlichen Umgebung zu stammen schienen. Es gab eine große Küche mit einem Ölofen, der aber nicht brannte. Im zweiten Stock war das Treppenhaus mit eingebauten Eichenschränken und sechs große eingerichtete Schlafzimmer sowie zwei Bäder. Der Garten reichte mit einer Schneise bis an den Fluß. Dort war ein Dinghi am Ufer vertäut, und in einer Ecke konnte er gerade noch das Geländer der Holzkonstruktion erkennen, die über die tosenden Wasser des Wehrs führte. Er blickte hinüber zu dem Haus des Schleusenwärters, aber von den Beobachtern war nichts zu sehen.

Als er wieder auf seinem Boot war, machte er einige Eintragungen auf der großmaßstäblichen Karte und fuhr zwanzig Minuten später auf der M 4 nach London zurück. Er überlegte, daß es keinen Grund mehr gäbe, Levi zu behalten, er brauchte ihn nicht mehr.

Das Mädchen hatte fast zwei Stunden gewartet, ehe sie zurück ins Hilton ging. Gerade als sie das Zimmer Nr. 1501 betrat, läutete das Telefon. Der Franzose lud sie zum Abendessen ein. Sie möchte doch bitte nicht vor 20.30 Uhr kommen.

Seit der Ankunft des Mannes aus Stockholm wirkten die Franzosen ausgesprochen nervös. Die beiden älteren, Firette und Loussier, hatten ihn schon begrüßt, und André Prouvost schien der Ansicht zu sein, daß sie jetzt wohl nicht mehr zusammen die Mahlzeiten oder Drinks einnehmen könnten. Es gäbe viel Geschäftliches zu besprechen, erklärte er, aber er hoffte, sie ab und zu zwischen den Besprechungen sehen zu können.

Um 20.45 Uhr läutete sie an der Suite der Franzosen, und André öffnete. Die beiden anderen erhoben sich, als sie hereinkam; der große Mann stand schon und führte gerade ein volles Glas an die Lippen. Er wandte beiläufig den Kopf und sah sie an, und der Blick sagte ihr, wie kalt, wie gefährlich und wie stark er war. Dann funkelten die grauen Augen, und sein breites Gesicht legte sich in Falten: »Bitte, André, stell mich deiner Freundin vor.« Und als er ihre Hand ergriff, war sie sich seiner Anziehungskraft bewußt – er war beinahe wie ein zweiter Tad.

Es hatte den Anschein, als ob der Zweck seines Hierseins eine Besprechung mit irgendeinem Ministerium über schwedische Baumethoden sei. »Und was machen Sie hier, meine Liebe?« Während sie ihre Tarngeschichte erzählte, lächelte er die ganze Zeit.

Er konnte natürlich auch zu dieser Sorte Mann gehören, die einer Frau überhaupt nichts glauben, das war schwer zu entscheiden. Es war auch nicht eigentlich ein Verhör, hätte sie nicht gewußt, wer er war. Sie sprachen über Servant-Schreibers »Die Amerikanische Herausforderung«, dann stand er auf, verabschiedete sich und ging.

13

Anders hatte den Eindruck, Sir Johns Gedanken seien ganz woanders, während er ihm berichtete, aber Sir John gab den Ball doch zur rechten Zeit zurück. »Haben Sie irgendeine Vermutung, wann sie die Operation starten werden?«

»Ich würde denken, ziemlich bald. Die Anmietung des Hauses und Rudenkos Ankunft weisen darauf hin. Aber sie scheinen es noch nicht eilig zu haben.«

»Wie steht's mit Krezki?«

»Bisher noch keine Nachricht aus Moskau.«

»Und der Verbindungsmann in dem Haus in Paris?«

»Er ist jeden zweiten Tag angerufen worden, aber offensichtlich wartet er auf Moskau.«

»Ich wollte Ihnen das eigentlich gar nicht zeigen, wenn Sie anderer Ansicht sind, aber ich denke, sie sind beinahe startklar.« Er holte einen Aktendeckel aus einer Schreibtischschublade und schob ihn Anders hin. »Lesen Sie das Zeug, und sagen Sie mir dann Ihre Meinung.«

Der Aktendeckel enthielt nur Zeitungsausschnitte, ungefähr fünfzig, alle aus den letzten zehn Tagen, und zwar aus allen großen Zeitungen, einigen Fachzeitschriften und den wichtigsten Provinzblättern.

Das »Sunday Times«-Magazin brachte ein drei Seiten langes Feature über Joseph Kennedy, den amerikanischen Botschafter in London 1939 und 1940. Sein Defätismus wurde besonders hervorgehoben und die Prophezeiung, daß Hitler bis zum 15. August in London sein und Amerika Großbritannien seinem

Schicksal überlassen würde. Seine ständige Mahnung an Washington, keine Mittel durch Unterstützung der Engländer zu verschwenden, wurde schließlich gegenstandslos durch seinen Abschied und schnelle Rückkehr nach den USA, nachdem London den ersten Monat ständiger Luftangriffe überstanden hatte.

Am gleichen Wochenende brachte der »Observer« einen langen und fundierten Artikel über den großen und ständig wachsenden amerikanischen Einfluß in der britischen Industrie. In einigen Industriezweigen beherrschten amerikanisch finanzierte Gesellschaften bereits 80 Prozent des britischen Marktes. In einer Computerfachzeitung wurden auf einer ganzen Seite die Geschäftsmethoden von IBM scharf angegriffen und schließlich sogar davor gewarnt, anzunehmen, daß in Kriegszeiten britische und amerikanische Interessen die gleichen sein müßten. Eine Reihe von Artikeln befaßte sich mit dem unheilvollen Einfluß amerikanischer Autohersteller in Großbritannien auf die englische Wirtschaft und schloß mit der Empfehlung, britisch zu kaufen – »und wir wollen damit sagen, nicht nur in Großbritannien hergestellte Wagen, sondern auch britisch finanzierte«. Zwei Frauenzeitschriften brachten einen medizinischen Bericht über die Ausnutzung von Kindern als Konsumenten durch die Hersteller gefährlicher amerikanischer Limonaden in Flaschen und Dosen. Eine wissenschaftliche Zeitschrift verzeichnete die vielen britischen Erfindungen und Entdeckungen vom Penicillin bis zum Düsenmotor, die von den Amerikanern gewinnbringend ausgewertet wurden ohne Beteiligung der Engländer.

Es gab auch fünf verschiedene Artikel über kanadische Themen, von dem übertrieben vorsichtigen Einsatz kanadischer Truppen im Zweiten Weltkrieg zum Nachteil britischer Soldaten bis zu einer sorgfältigen Analyse der engen wirtschaftlichen und militärischen Beziehungen zwischen den USA und Kanada, in die London nicht einbezogen war. Es handelte sich stets um gut geschriebene Artikel, die oft auch noch von offiziellen Statistiken gestützt wurden. Die meisten waren nicht persönlich gezeichnet, sondern von einem »Sonderkorrespondenten«. Nichts war direkte Lüge, es war mehr eine Frage der Betonung als der Verdrehung.

Fast alles hatte man in den letzten fünfzehn Jahren schon einmal irgendwo gelesen, aber das ganze Material jetzt innerhalb von zehn Tagen zu veröffentlichen, bedeutete entweder eine Kampagne oder einen erstaunlichen Zufall. Und wie der Chefausbilder des nachrichtendienstlichen Schulungszentrums zu sagen pflegte: »Bei nachrichtendienstlicher Arbeit gibt es keinen Zufall.«

Als Sir John zurückkam, fragte er Anders: »Also, was halten Sie davon?«

»Hat man irgendeine Vorstellung, woher sie stammen?«

»Ja, die meisten Artikel, die überhaupt zurückverfolgt werden können, kommen aus Paris. Es handelt sich um verschiedene Mitarbeiter, aber die Quelle ist ein Laden, der ›Agence Presse Lorraine‹ heißt. Er wurde vor drei Monaten gegründet und hat die gleiche Adresse wie Prouvosts Zeitung ›Le Maquisard‹. Es sieht ganz so aus, als ob die Franzosen die publizistische Seite betreiben und die Russen den Knall dazu liefern würden.«

In Nr. 27a Victoria Road, Aston, Birmingham, wohnte Sean O'Malley, dreißig Jahre alt. Er arbeitete am Montageband eines Zulieferbetriebes in der Nähe, der für die großen Autowerke in den Midlands Karosserien baute. Drei Generationen der O'Malleys hatten in Nr. 27a gewohnt, die Miete hatte zuerst zwei Shilling wöchentlich betragen und lag jetzt bei sieben Pfund. Sean O'Malley war in keiner politischen Partei und ging nie zu einer Wahl. An Gewerkschaftsversammlungen nahm er teil, hatte aber schon zweimal abgelehnt, in den Betriebsrat zu gehen, trotzdem hatte er mehr Einfluß auf das Montageband Nr. 2 als irgend jemand anderer. Er war eher gerissen als intelligent, vom Temperament her ein Einzelgänger, und es war ihm recht, daß seine Frau auch arbeitete. Er verdiente pro Woche im Durchschnitt 32 £. Einmal wöchentlich berichtete er über die Stimmung im Betriebsrat, und zwar dem Besitzer eines Antiquariats in der Nähe des alten Repertoiretheaters, und einige Male im Jahr bekamen sie beide Instruktionen von der russischen Botschaft in Kensington. Er wußte nicht, daß es im Gebiet von Birmingham-Coventry vierunddreißig gleichgesinnte Seelen gab. Bei der letzten Zählung war man auf 158 KGB-Mitarbeiter gekommen und 27 Mitglieder des GRU – das ist der selbständige Nachrichtendienst der russischen Armee –, die in Großbritannien arbeiten und zusammen mit ihren Kontaktpersonen über jeden Bereich des britischen Lebens berichten. Zusammengefaßt würden sie das Wembley-Stadion füllen, und mindestens ein Drittel von ihnen wären entsetzt, wenn sie wüßten, daß sie in der Kartei des KGB erfaßt sind. Ungefähr fünfzig von ihnen waren sogenannte »Schläfer«, erklärte Kommunisten, die den Auftrag hatten, irgendeine Abteilung oder Organisation zu infiltrieren und dann weitere Instruktionen zu erwarten, was Jahre dauern konnte.

Beim letzten Labour-Parteitag in Blackpool war das Wetter ganz unprogrammäßig gut gewesen. Trotzdem war der Konferenzraum bei der Schlußsitzung brechend voll. Die Partei war jetzt schon sechs Jahre in der Opposition und noch kein Ende abzusehen.

Ein Mann saß bequem zurückgelehnt auf seinem Sitz. Er lächelte in sich hinein, als er die neben dem Redner stehenden Parteiführer betrachtete. Helle Jungens, direkt von der Universität, die in ihrem Leben noch nicht einen Tag richtig gearbeitet hatten, Boys aus der Arbeiterklasse, die sich über die eine oder andere Gewerkschaft hochgedient hatten, z. B. mit Wochenendberatungen in ihren Wahlkreisen. Verdammte Narren alle zusammen! Keiner von ihnen wählte tatsächlich die Labour Party, die eine Hälfte wählte den »New Statesman« und die andere den »Daily Mirror«. Bei dem Gedanken, was diese Leute an Zeit und Geld verschwendet hatten, wurde ihm ganz elend. Aber er sah äußerst wohlwollend drein – sie nannten ihn Onkel Arthur –, und wenn es in einem Wahlkreis galt, eine harte Schlacht durchzukämpfen, dann wandten sie sich wegen der Organisation und Verwaltung an ihn. Onkel Arthur hatte mehr Kontakte und Einfluß bei den Arbeitern im ganzen Land als irgendein anderer Labour-Politiker. Er verdiente ungefähr 2500 £ im Jahr plus Spesen und bekam noch einmal das Doppelte vom KGB.

Philip Fayne-Waring war 37 Jahre alt. Als er die Tür seines Hauses zuschloß, blickte er zum Himmel, morgen würde es wohl kalt werden. Die Sterne funkelten so hell, daß man beinahe erwartete, sie knistern zu hören. Aber sein Mini wurde bald warm, und als er so dahinfuhr, dachte er, daß sich die Dinge eigentlich sehr gut anließen. Zum ersten Mal war er nächste Woche bei einer Diskussion dabei – einer der beiden »Unpolitischen« –, und je nach der zeitlichen Koordinierung könnte er wahrscheinlich die Ouvertüre und sicher noch den ersten Akt der »Verkauften Braut« hören, die von der Tschechischen Staatsoper aufgeführt wurde. Die Botschaft hatte ihm die Plattenaufnahme nach seinem auf Band für Radio Moskau aufgenommenen Vortrag über »Charles Dickens und seine Zeit« geschenkt, was eigentlich sehr nett war, weil er vermutete, daß die Polen mit den Tschechen nicht so ganz einig waren.

Als er zum Fernsehzentrum kam, fühlte er sich geschmeichelt, vom Portier gleich erkannt zu werden. »Ach, n'Abend, Professor – parken Sie gleich dort drüben an Ihrem Stammplatz« – nicht schlecht für den Anfang. Obgleich er tatsächlich der jüngste Regiushistoriker war und der einzige, der fließend russisch sprach.

Das heutige Podiumsgespräch hieß: »Wenn das britische Empire eine Antwort darstellte – wie lautete dann die Frage?«, und eigenartigerweise hatte er in der letzten Woche eine sehr interessante Analyse darüber bekommen, wie die letzten Empire-Staaten, Australien, Neuseeland und Kanada ihre wirtschaftlichen und politischen Bande zu den USA auf Kosten Großbritanniens verstärkt hatten. Er hoffte, einiges daraus zitieren zu können; vor allem, da die Polen nur statistisches Material der Vereinten Nationen verwandt hatten, konnte er sich auf völlige Unparteilichkeit berufen.

Sein plötzlicher Ruhm im Fernsehen und die zustimmenden Zuschauerbriefe machten ihm großes Vergnügen. Er war bescheiden genug, um sich zu fragen, wie alles so schnell gekommen war. Es schien fast, als ob die kleine Cocktailparty bei dem Botschafter in der Weymouth Street ihm Glück gebracht hätte.

In der wissenschaftlichen Vorbereitungsgruppe für die Sendung »Man kann ruhig darüber sprechen« war ein kleines Mädchen, Tamara Resniak, die hätte ihm seine Fragen beantworten können. Aber niemand fragte sie.

14

Schließlich erhielt Krezki aus Moskau die Anweisung, Verbindung mit einem Mr. Sven Eklund im Hotel Europa aufzunehmen. Eine Woche lang hatte die Kléber-Nummer in Paris nicht geantwortet. Wahrscheinlich war Kujawskis Überlaufen bekannt geworden. Die Operation Schneeball war nun »scharf« und stand unter Führung des KGB. Krezki gab diese Nachricht weiter an Eklund im »Europa« und an Firette im »Hilton«.

Einige Schafe werden wegen der Wolle gezüchtet, einige des Fleisches wegen, und es heißt, daß die Schafe von Romey Marsch in Kent nur fürs Überleben gezüchtet werden.

Das einzige Gebäude auf dem kleinen Hof, außer einer Hütte

aus Holzlatten, war ein halb verfallenes Trockenhaus. Der schwere Laster kämpfte sich durch den Schlamm, um zu der Darre zu gelangen. Den Jaguar hatten sie an der Hütte gelassen.

Es dauerte zwei Stunden, den Inhalt der Kisten zu prüfen und sie auf den Dreitonner zu laden. Dann gingen die Franzosen zur Hütte zurück und bezahlten dem Pächter die vereinbarte Summe.

Die Kisten wurden in das Haus in Temple gebracht und in einem Raum mit vergitterten Fenstern und einem neuen Türschloß abgestellt. Der Laster wurde zu der Autovermietung in High Wycombe zurückgefahren.

Das Mädchen saß im Büro, als Anders zurückkam. Er sah blaß und angestrengt aus und sie hoffte, daß ihre Nachrichten ihn freuen würden. Er blickte zu ihr hinüber und lächelte: »Sie sehen aus, als ob Sie gute Nachrichten für mich hätten.«

Sie nickte: »Habe ich, soll ich anfangen?« Er stellte das Tonbandgerät ein und nickte ihr zu.

»Die Franzosen haben Dokumente, die sie verkaufen oder einfach verteilen wollen – sie sind sich noch nicht ganz einig –, und zwar an die Presse, den Rundfunk und das Fernsehen. Wahrscheinlich wissen Sie das schon. Es handelt sich um sehr geheime Dokumente, aus denen hervorgeht, daß die Amerikaner und Kanadier bereit waren, sich mit Hitler zu verständigen.« Sie hielt inne, aber da er nichts sagte, fuhr sie fort: »Der Schwede im ›Europa‹ ist ein Russe, ein Oberst im KGB, er führt die Operation und benutzt dazu Leute vom polnischen Z-11.«

»Warum brauchen die Franzosen einen Russen für diese Operation?«

»Es sieht so aus, als hätten sie sich zuerst an die Polen gewandt, weil sie Geld brauchten, und die Polen haben die Russen eingeschaltet.«

»Warum?«

Sie zögerte: »Das weiß ich nicht.«

»Tut nichts zur Sache. Haben Sie die Dokumente gesehen?«

»Sie sind in dem Safe im ›Hilton‹, aber eines habe ich gesehen.«

Er blickte auf. »Erzählen Sie.«

»Ich glaube, die meisten dieser Dokumente sind Fotokopien, und sie befürchten, daß die Zeitungen sie für Fälschungen halten könnten, also haben sie ein Original, und das habe ich gesehen.«

»Was ist es?«

»Es ist auf einem Amtsbogen des Weißen Hauses geschrieben und ist das Protokoll eines Treffens zwischen Roosevelt und MacKenzie King vom 19. August 1940. Es besteht aus vier Absätzen und bestätigt, daß das Treffen in dem Sitzungszimmer von Eastman-Kodak in Rochester stattfand. Die Chefs der Generalstäbe beider Länder wären einstimmig der Ansicht, daß es unmöglich sein würde, eine Invasion zur Befreiung Europas zu starten, wenn das Vereinigte Königreich nicht voll und ganz als Operationsbasis zur Verfügung stände. Beide Staatsmänner stimmten dem zu und würden Sir Winston Churchill davon in Kenntnis setzen und ihn außerdem wissen lassen, daß, wenn die Deutschen einen größeren Teil Großbritanniens besetzten, sie nach einigen Monaten mit der deutschen Regierung einen Vertrag aushandeln würden.«

»Unterschriften?«

»Ja, die des Präsidenten und MacKenzie Kings, dazu eine maschinengeschriebene Anmerkung, daß es sich hier um Nr. 2 von zwei Originalen handelt.«

»Sah es echt aus?«

»Ja, mir kam es sehr echt vor.«

Er lehnte sich in seinem Stuhl zurück und blickte zur Decke. Nach ein paar Minuten des Schweigens seufzte er und sagte: »Wo ist es?«

»André Prouvost hat es.«

»Hat er Ihnen das alles erzählt?«

»Ja, er zeigte mir das Original, als ich ihm sagte, daß die Zeitungen sich von den Fotokopien allein nicht überzeugen lassen würden. Das Original ist das Kronjuwel, der Rest nur eine Bekräftigung.«

Er stand auf, ging um den Schreibtisch zu dem kleinen Schrank. Er nahm zwei Gläser heraus und hob eine Weinflasche hoch. »›Château Margaux‹, damit wollen wir anstoßen.«

Er schenkte ein und setzte sich dann auf einen Stuhl neben sie. Als er langsam trank, überlegte er. Das Foreign Office und das Weiße Haus würden beweisen können, daß die Fotokopien Fälschungen waren. Aber mit dem Original würden die Franzosen keine Schwierigkeiten haben. Jede Zeitung könnte die Schreibmaschinentypen, das Papier und die damaligen Reisen des Präsidenten nachprüfen, und Graphologen würden die Echtheit der Unterschriften bestätigen. Wahrscheinlich handelte es sich um das kanadische Original. Dem Protokoll nach waren die USA die Nummer eins. Unwillkürlich schüttelte er sich wie ein Hund, der aus dem Wasser kam. »Wo ist das Original?«

»Prouvost hat es. Es ist in einem gewöhnlichen Umschlag, den er immer bei sich trägt. Ich glaube, die Franzosen werden von den Russen benutzt.«

»Wie?«

»Das weiß ich nicht. Sie sind nicht dumm, und in gewisser Hinsicht sind sie zähe Burschen, aber sie sind nicht vom gleichen Kaliber wie der Russe. Er ist ein Professioneller, keine Halbtagskraft wie sie, und ich kann mir nicht vorstellen, daß er hierher gekommen wäre, wenn die Operation aus nichts weiter bestünde als der Veröffentlichung dieser Dokumente.«

Er legte seine Hand auf ihre. »Du hast völlig recht, Mädchen«, und er erzählte ihr von der Rolle der Russen in diesem Plan. Als er fertig war, sagte sie:

»Mein Gott, ich bin sicher, die Franzosen haben davon keine Ahnung. Dabei können ja Menschen umkommen.«

»Es werden Menschen umkommen, und es wird Demonstrationen und Proteststreiks geben, Firmen in amerikanischem Besitz werden wahrscheinlich schließen, die Amerikaner werden prompt Europa verlassen, keine Handelsbeziehungen mehr, keine militärische Unterstützung – nichts. Alle europäischen Staaten werden darunter leiden. Alle die alten Haßgefühle Deutschland gegenüber werden wieder erwachen, und die Russen brauchen nicht ein Wort darüber zu verlieren. Wenn sie die Zündschnur angezündet haben, können sie bequem abwarten, und sie werden nicht lange warten müssen. Alle ihre Helfershelfer in Europa werden sich jetzt bezahlt machen.« Er stand auf und reckte die Arme. »Lassen Sie uns noch eine Flasche aufmachen.«

Als die zweite Flasche halb leer war, stand das Mädchen auf und beugte sich über die Kassetten. Sie nahm eine heraus. »Kann ich die auflegen, Tad?«

Er lächelte: »Natürlich, was ist es?«

Sie antwortete nicht sofort, aber einen Augenblick später ertönten volle Geigenklänge in »La Mer«, nicht von Debussy, sondern von Charles Trenet.

Sie sah weiter die Titel der Kassetten durch, und plötzlich hielt er den Anblick ihrer langen, wohlgeformten Beine nicht mehr aus, trat wie unter Zwang hinter sie und umfaßte mit beiden Händen ihre Brüste. Einen Augenblick sagte das Mädchen kein Wort, als seine Finger das feste Fleisch betasteten. Dann wandte sie sich langsam um und sah ihn an. Ihre Augen waren geschlossen, und sie zitterte, als sie fragte: »Willst du mich, Tad?«

Seine Hände berührten sanft ihr Gesicht, und er sagte leise: »Öffne die Augen und sieh mich an.«

Als sie sie öffnete, küßte er ihren Mund, und nach einigen Augenblicken sagte sie: »Komm, wir gehen in mein Zimmer.«

Als sie den weißen Pulli ausgezogen hatte, ließ sie die Arme herunterfallen, so daß er ihre festen vollen Brüste sehen konnte, und als sich seine Hände um sie schlossen, beugte er sich vor, um ihren Nacken zu küssen, und er stöhnte laut auf, als er die vielen Verbrennungsnarben auf ihrer Schulter sah. Das Mädchen drängte sich wild an ihn: »Sieh nicht hin, Tad, bitte nicht, liebe mich.«

Aber er hatte diese Art Narben schon vorher gesehen, und er konnte beinahe die Zigaretten auf seinem Arm und seiner Schulter brennen fühlen. Sie müssen es ziemlich lange getan haben, daß so viele und nachhaltige Narben zurückblieben. Er liebte sie ganz sanft und zärtlich, weil ihm auch sanft und zärtlich zumute war. Und im Laufe der Nacht wurde ihm klar, daß er zum ersten Mal richtig liebte. Es war nicht nur Technik, nicht nur Sex, es war der verzweifelte Wunsch, alles das gut zu machen, was andere Männer diesem Mädchen mit dem schönen Gesicht und dem sinnlichen Körper angetan hatten. Dieses neue Gefühl des Glücks und des Wunsches, zu trösten und zu beschützen, machte Anders selbst verwundbar. Er hatte einen Teil seiner Stärke verloren. Von jetzt an würde auch er des Trostes und des Schutzes bedürfen, und nur dieses Mädchen könnte ihn gewähren. Zuletzt schlief das Mädchen, aber Tad duschte und zog sich an für einen neuen Tag.

Sie frühstückten zusammen im Grosvenor House, und er sagte ihr, wie sie in den Besitz des Dokumentes kommen würden. Als sie wegging, drehte er sich noch einmal um, um ihr zuzuwinken. Sicher hätte es ihn traurig gemacht zu sehen, daß sie weinte. Aber er hätte auch nichts daran ändern können.

15

Mendoza, Agent im FBI, wartete, bis der kleine Taschenbuch- und Spielzugladen leer war, ehe er hineinging. Der grauhaarige alte Mann hinter dem Ladentisch blickte auf. Langjährige Erfahrung sagte ihm, daß er keinen Kunden vor sich hatte. Anzug und Haarschnitt deuteten eher auf FBI unter Hoover. »Was kann ich für Sie tun, Chef?« fragte er.

»Sind Sie Mr. Charles Parker?«

Der alte Mann trat nervös von einem Fuß auf den anderen, versuchte ein krampfhaftes Lächeln und sagte dann: »Soll wohl sein, ja, ich bin Charlie Parker.«

»Mr. Parker, der Chef hat mich beauftragt, bei Ihnen vorbeizusehen und Ihnen auszurichten, daß er Sie gerne möglichst bald in Washington sprechen möchte, am besten noch heute abend.«

Der alte Mann sah ängstlich aus. »Washington – heute abend? Das verstehe ich nicht. Ich habe in Washington nichts zu tun, nie . . .«

Mendoza unterbrach ihn: »Irgend jemand in Washington braucht Ihre Hilfe, Mr. Parker. Ich bin beauftragt, Sie hinzufahren. Meiner Meinung nach wird dabei etwas für Sie herausspringen. Ich werde dort auf Sie warten und Sie wieder zurückbringen.«

Der alte Mann schlief, als der Polizeiwagen vor dem großen weißen Gebäude hielt. Der Posten steckte seinen Kopf durchs Fenster. »Mendoza, New York, ich werde erwartet.«

Der Marineinfanterist zeigte auf einen Parkplatz. »O. K., Bruderherz, stell den Wagen dort ab, und ich werde durchtelefonieren.«

Nicht ganz eine Stunde später brachen sie wieder auf, und Charlie Parker hatte 2000 Dollar bar und ein Lob von dem Mann bekommen, dessen Foto er schon in den Zeitungen gesehen hatte.

Er mußte einen Eid unterschreiben, alles geheimzuhalten, und außerdem noch ein halbes Dutzend berühmte Unterschriften auf mehreren Bogen amtlichen Papiers pinseln. Sie hatten ihm nur gesagt, welche Federn er nehmen sollte und ihn dann allein gelassen. Die verlangten Unterschriften – große, kunstvolle Schnörkel – machten Charlie wenig Mühe. Aber er hätte es nicht für möglich gehalten, den Tag zu erleben, an dem er dafür bezahlt wurde, und dabei hatte er für weit weniger zehn Jahre bekommen.

Der kleine Amerikaner sah ein bißchen wie Harry Truman aus, aber er sprach mit texanischem Akzent und war begeistert von seinem Thema. Die beiden Schriftstücke lagen an je einem Ende eines kleinen Tisches, und dazwischen stand ein Vergrößerungsglas auf einem Gestell, ein Mikrometer, ein fein graduiertes Stahllineal, ein Stechzirkel und eine Infrarotlampe. Tad hörte dem Mann aufmerksam zu. »Nun, Mr. Anders, können Sie mir sagen, welches das Original ist?« Anders betrachtete beide Bogen, nahm dann das Vergrößerungsglas zur Hilfe, aber er konnte keinen Unterschied erkennen. Er schüttelte den Kopf, und der drahtige kleine Mann sagte: »Ich habe einen Bericht über das ausgetauschte Dokument abgefaßt und ihn notariell beglaubigen lassen. Er befindet sich jetzt bei Ihrem Kollegen Mr. Kent im Foreign Office.«

»Das ist gut, Mr. Lake, aber ich würde gerne noch einmal die einzelnen Punkte mit Ihnen besprechen. Ich weiß nicht, ob dazu viele technische Einzelheiten nötig sind, aber ich wäre Ihnen für nähere Erklärungen dankbar.«

»Natürlich, Mr. Anders. Wir wollen uns Punkt für Punkt vornehmen. Zunächst das Papier. Der Ersatz ist wenig, aber doch meßbar dicker, und eine Untersuchung durch Papierfachleute würde ergeben, daß er nicht älter als fünf Jahre sein kann. Er sieht genau so alt aus wie das Original, aber die chemische Zusammensetzung konnte es 1939 noch nicht geben, als das Originalpapier hergestellt wurde. Wir haben das Ersatzdokument genau so gefaltet wie das Original, und im Labor hat man Staubpartikelchen darüber verteilt, so daß die Kniffe genauso aussehen.

Nun kommen wir zur Maschinenschrift, und hier haben wir einige Veränderungen vorgenommen. Wir konnten dieselbe Schriftart benutzen, aber haben auf einer Kugelkopfmaschine geschrieben, und das bedeutet, daß der Eindruck viel tiefer ist. Die Sekretärin des Präsidenten hat nie auf einer solchen Maschine geschrieben, denn tatsächlich war die Kugelkopfmaschine bis nach Kriegsende nur ein vages Forschungsobjekt. Beide Briefe scheinen mit doppeltem Abstand zwischen den Zeilen geschrieben zu sein, aber tatsächlich ist der Abstand unterschiedlich. Glücklicherweise haben wir noch die Schreibmaschine von FDR (Franklin Delano Roosevelt) in unserem Museum, so daß ein Vergleich durchaus vorgenommen werden könnte.

Beim Schriftbild ist die Adresse 5 mm nach links gerückt worden. Es ist nicht zu erkennen, aber leicht nachzumessen, und schließlich ist der Aufdruck des Briefkopfes an zwei Stellen verändert worden, hier an der Kralle des Adlers und dort an den Federn der Schwingen.« Er sah Anders an und grinste. »Wir sind damit zufrieden, Mr. Anders, sehr zufrieden.«

Anders hatte sich das Zimmer neben dem des Mädchens genommen. Sie mußten zwei Tage auf den Anruf warten. Die Franzosen waren alle in dem Haus in Temple, aber André Prouvost fieberte, das Mädchen zu sehen, und Anders hatte richtig vermutet, daß er früher oder später mit ihr Verbindung aufnehmen würde. Als sie den Hörer auflegte, sagte sie: »Also, er kommt heute abend und bleibt über Nacht. Gegen acht Uhr wird er hier sein.«

Anders nickte. »O. K., vergiß nicht, daß er schon ziemlich betrunken sein muß, ehe du sein Glas präparierst, sonst schöpft er beim Aufwachen Verdacht.«

In seinem Zimmer nahm Anders den Umschlag aus seiner Jakke. Er faltete den Brief noch einmal auseinander und war mit der geleisteten Arbeit zufrieden. Dann steckte er ihn wieder in die Innentasche seiner Jacke. Es war beinahe 20.30 Uhr, als er hörte, wie an der nächsten Tür geläutet wurde, und Stimmen ausmachte, aber nicht verstand, was sie sagten. Er las den Bericht des Bewachungsteams in dem Haus des Schleusenwärters vom Vortag. Sie hatten den Versuch, in der letzten Nacht in das Haus zu gelangen, um den Inhalt der Kisten zu überprüfen, aufgegeben.

Anders zog die Vorhänge zurück und sah hinab auf die Park Lane und Hyde Park Corner. Die Lichter glitzerten und funkelten, und London war dabei, sich für den Abend zu rüsten. Er fühlte sich einsam, weil er zum Nichtstun verurteilt war. Alle anderen hatten etwas vor, nur er mußte warten. Wenn alles vorbei war, würde er zusammen mit dem Mädchen ein paar Wochen Sonne und Ruhe genießen. Sie könnten sich eine Wohnung in Portofino oder Santa Margherita mieten.

Es klopfte zweimal an die Verbindungstür, und er sah auf die Uhr: Mitternacht vorbei. Er stellte sich hinter die Tür, eine Hand am Pistolengriff unter seiner linken Achsel. Die Klinke bewegte sich langsam, dann ging die Tür auf, und das Mädchen stand da. Sie war nackt unter ihrem Pulli, den sie über die Brüste hochgezogen hatte. Sie war blaß und wirkte teilnahmslos. Mit einem Blick in seine Augen sagte sie: »Er ist jetzt hinüber«, und trat zur Seite, um ihn vorbei zu lassen.

Er streifte die leeren Weinflaschen und die Zigarettenkippen mit einem Blick und dann den Mann, der mit dem Kopf auf seiner Schulter im Sessel lag und die Beine weit von sich streckte.

Er trug nur einen Bademantel. Anders stand hinter dem Stuhl und horchte auf den Atem. Er war flach, aber regelmäßig, und als er ein Augenlid zurückzog, war die Pupille erweitert, und der Mann bewegte sich nicht.

Seine Jacke lag auf dem Bett, und Anders' Hand ertastete sofort den Umschlag und zog ihn heraus. Dann entnahm er den Brief, prüfte ihn, ging damit in sein eigenes Zimmer und legte ihn in das Waschbecken. Darauf ergriff er den nachgemachten Brief, schob ihn in den Umschlag und steckte ihn wieder in die Jackentasche des Franzosen. Im Badezimmer spülte er die beiden Weingläser gründlich aus, schenkte sie dann halb voll mit dem übriggebliebenen Wein und machte die Tür leise hinter sich zu, als er in sein Zimmer zurückging.

Das Mädchen stand am Fenster und sah hinaus. Ihr Rücken leuchtete golden im Licht der Nachttischlampe, aber ihr Gesicht und die Vorderseite ihres Körpers schimmerten beinahe silbern im Mondlicht. Er spürte, daß sie nicht angesprochen werden wollte, und ging in sein Badezimmer. Nach einem letzten Blick auf das Originaldokument zündete er es an einer Ecke an und hielt es in der Hand, bis es zu seinem Finger und Daumen heruntergebrannt war. Das letzte kleine Dreieck verbrannte er auf einer Nadel. Dann ließ er das Becken mit warmem Wasser volllaufen, und allmählich löste sich das verkohlte Papier in Staubteilchen auf, die das Wasser grau färbten. Sie hatten keine Substanz mehr. Er ließ die graue Flüssigkeit ablaufen und spülte aus beiden Hahnen einige Minuten nach.

Als er in das Zimmer zurückkam, war sie noch da, hatte aber den Pulli ausgezogen. Ihm wurde klar, daß sie ihn anbehalten hatte, um die verräterischen Brandnarben auf ihrem Arm und Schulter zu bedecken. Der Franzose wäre sicherlich mißtrauisch geworden. Gegen die Gedanken, die Major Tad Anders durch den Kopf gingen, war nichts einzuwenden, obgleich er sich täuschte.

Als Anders gegangen war, kehrte das Mädchen in ihr Zimmer zurück und zog sich an. Der Franzose wachte um sechs Uhr auf. Er war nicht mißtrauisch und rief die anderen an, um zu sagen, daß er in einer Stunde zurück sein würde, und machte sich dann schnell auf den Weg.

Zehn Minuten später verließ auch das Mädchen das Hotel und ging durch den Green Park die Mall entlang und dann weiter zur Westminster Bridge. In der Nähe der Festival Hall setzte sie sich auf eine Bank und blickte über die Themse. Kaum zu glauben, daß der gleiche Fluß an dem Haus in Temple vorbeifloß, und sie fragte sich, wie alles wohl enden würde.

Es war zum ersten Mal seit Saigon, daß sie mit einem Mann geschlafen hatte. Ehe Anders kam, hatte sie immer gewußt, daß jedes Mal, wenn sie mit einem Mann im Bett lag, der brutale Alptraum aus dem Saigoner Gefängnis zurückkehren würde, als die Männer abwechselnd über sie herfielen. Ehe sie bewußtlos wurde, konnte sie sich nur noch an die blutrote Bougainvillea vor dem Fenster erinnern. Vor Anders hatte noch kein Mann außer den Ärzten die Narben auf ihrer Schulter und dem Arm gesehen. Sie hätte nicht die richtigen Worte gefunden, um sich herauszureden. Kein gewöhnlicher Mann würde diese Gefühle verstehen, sie konnte sie oft selbst nicht begreifen. Aber sie hatte gespürt, daß Tad anders war, er war vom Bau und kannte die Gefühle von Ekel und Niederlage, und sie ahnte, daß auch er Narben hatte, an denen er schwer trug. Sie wußte, er würde verstehen. Sie haßte die vorbereitete Verführung des Franzosen, aber weil sie es für Anders tat, verdrängte sie dieses Gefühl. Durch ihren Beruf und ihr Training hatten sie beide Menschenkenntnis erworben, und sie wußte über Anders Bescheid und sorgte sich und liebte, aber sie wußte auch, daß jede Ablenkung vor Beendigung dieser Arbeit sie beide ins Unglück stürzen könnte. Als sie zum Hotel zurückkam, wartete der Russe auf sie.

16

Kurz vor Mitternacht gingen in dem Haus in Temple die letzten Lichter aus. Anders wartete noch zwei Stunden auf dem Boot, ehe er sich in Bewegung setzte und vorsichtig zu dem Kiesweg unter den Bäumen schlich. Unter der riesigen Zeder blieb er stehen und beobachtete das Haus. In dem Schleusenwärterhäuschen war kein Licht, aber er wußte, daß jemand auf Beobachtungsposten war.

In der großen Einfahrt waren keine Tore, nur hohe Pfeiler aus Ziegelsteinen mit verwitterten Steinlöwen und massiven Angeln für das gußeiserne Tor, das wahrscheinlich im Laufe der Jahre abhanden gekommen war. Der weiße Jaguar stand startbereit vor dem Tor, und Anders vermerkte bei sich, daß sie sich nicht etwa unbekümmert verhielten. Langsam bewegte er sich im Schatten einer Häuserwand und erreichte mit einem großen

Schritt das Haus. Er spritzte einen Tropfen Öl in das Schlüsselloch der großen Eingangstür und wartete einige Augenblicke, ehe er den Schlüssel hineinschob. Er ließ sich leicht drehen, und als er die Tür hinter sich wieder geschlossen hatte, stand er ruhig und unbeweglich in der Halle. Im einfallenden Mondlicht erkannte er die weißen Säulen und auch die Tür, die zu dem Raum mit den Kisten führte.

Das Türschloß war ausgewechselt worden, ließ sich aber mit dem Dietrich leicht öffnen. In dem hellen Mondlicht erkannte er zwei lange schmale Behälter und vier viereckige Kisten. Keine war verschlossen. Aus dem ersten Behälter nahm er eine SLR, FN, neuestes belgisches Modell aus der Fabrique Nationale d'Armes de Guerre. Es handelte sich um eine der modernsten automatischen Waffen, die der Truppe ständig zur Verfügung stand und bis zu 700 Schuß pro Minute feuern konnte. Sie war fabrikneu. Er schätzte, daß in jedem Behälter zehn Gewehre untergebracht waren. Außerdem waren da Dutzende von 60-Schuß-Magazinen, einige wenige 20-Schuß-gestaffelte Magazine und eine Menge 5-Schuß-Ladestreifen und zehn Infrarot-Zielgeräte, von denen er wußte, daß sie zur Zeit von der NATO geprüft wurden und noch der Geheimhaltung unterlagen. Im ganzen handelte es sich ungefähr um 30 000 Schuß.

Die vier quadratischen Kisten trugen den Namen einer bekannten britischen Konstruktionsfirma, aber Anders war über ihren Inhalt sehr erstaunt. In der ersten fand er reihenweise Sprengkapseln, Rollen dünnen Drahtes, fachmännisch hergestellte Zeitzünder. Die anderen enthielten nur Sprengstoff, von Dynamit bis Super-Plastik, genug, um eine Mittelstadt in die Luft zu jagen. Die Franzosen waren offensichtlich voll in die Operation eingestiegen.

Der Russe saß im Foyer des Hilton, und als das Mädchen hereinkam, ging er zum Lift und wartete dort auf sie. Als sie ihn erblickte, blieb sie stehen. Das großflächige, gutaussehende Gesicht lächelte, aber die Augen waren die eines Tieres.

»Mademoiselle Foubert, ich hoffte, Sie hier zu treffen.«

»Ja, warum?«

»Ich wollte mit Ihnen sprechen – vielleicht könnten wir in Ihr Zimmer gehen, um ungestört zu sein.«

Sie lächelte ein wenig und schüttelte den Kopf. »Die Bar ist geöffnet, wir können dorthin gehen, Mr. Eklund.«

Als sie in einer Ecke saßen und die bestellten Drinks gebracht worden waren, verlor er keine Zeit. »Was halten Sie von dem jungen Prouvost?«

Sie hob die Augenbrauen. »Ich pflege nicht zu klatschen, Mr. Eklund«, und um die Abfuhr etwas zu mildern, fügte sie hinzu: »Auch nicht unter Freunden.«

Aber so einfach war er nicht abzufertigen. Er schnippte mit den Fingern und zuckte die Schultern. »Was macht Ihre Arbeit?«

»Nicht schlecht, aber ich wollte mich ja hier von allem etwas ausruhen.«

Der Russe kam wieder zum Thema: »Die anderen sind sehr ärgerlich auf Prouvost. Soviel ich weiß, weil er ohne Erlaubnis die Nacht bei Ihnen verbrachte.«

Er sah sie unverwandt an, und sie hielt den Blick aus.

»Wessen Erlaubnis?«

Er antwortete nicht. »Wir möchten vermeiden, daß ihm irgend etwas zustößt – oder Ihnen«, fügte er hinzu und wartete, wie sie darauf reagieren würde.

Sie holte tief Luft. »Sie sind beleidigend, Mr. Eklund«, sagte sie und machte Anstalten aufzustehen. Aber lächelnd ergriff er sie am Handgelenk, so daß sie sich wieder setzen mußte. »Mademoiselle Foubert, wir glauben, Sie wissen zuviel. Prouvost war zu gesprächig. Was sollen wir also tun?« Sie antwortete nicht, und seine Augen waren wie die eines Raubvogels.

»Wieviel hat er Ihnen erzählt?«

»Warum fragen Sie ihn nicht?«

»Das habe ich bereits getan.«

»Also?«

»Mit ihm haben wir uns befaßt, und nun sind Sie dran.«

Er ließ ihr Handgelenk los und lehnte sich in seinem Stuhl zurück. Er war beunruhigt, weil sie nicht erschreckt zu sein schien, so wie die meisten Frauen, auch die meisten Männer übrigens.

Sie unterbrach seine Gedanken. »Mr. Eklund, ich gehe jetzt, und wenn Sie mich irgendwie aufzuhalten versuchen, schreie ich das ganze Haus zusammen.«

Ohne ein Lächeln sah er sie an. »Tun Sie, was Sie wollen, Mademoiselle, aber es wäre klüger, jetzt mit mir zu reden, es könnte uns allen viele Unannehmlichkeiten ersparen.«

Sie stand auf, strich ihren Rock glatt, nickte ihm zu und ging durch das Foyer. Er machte keine Anstalten, ihr zu folgen, aber sie hatte den Ausdruck seiner Augen gesehen. Er war nicht gewöhnt, eine Abfuhr zu erhalten.

Ungefähr zehn Minuten später läutete das Telefon. Sie lauschte beinahe drei Minuten lang, ehe sie aufhängte. Prouvosts Schreie gellten in ihren Ohren. Sie waren echt. Sie hatte solche Schreie schon vorher gehört, auch ihre eigenen. Aber alles, was er zwischen Wimmern und Stöhnen sagen konnte, war nur immer: »Tu, was sie sagen, um Gottes willen, tu, was sie sagen.«

Sie wollte gerade Anders anrufen, als es an ihre Tür klopfte. Ihr war klar, wer es war, und als sie öffnete, stand der Russe davor. Eine Hand hatte er in der Jackentasche, aber nicht, um sie warm zu halten. Sie sah ihn einen Augenblick an und sagte: »Kommen Sie lieber herein.«

Er stieß die Tür gegen die Wand und machte sie dann zu. Er sah hinter die Vorhänge, unter das Bett, untersuchte das Bad, ging dann zum Fenster und blickte hinaus. Dann durchwühlte er die Schubladen ihres Toilettentisches, des Schreibtisches und die Kleider im Schrank. Schließlich öffnete er ihre Handtasche und kippte den Inhalt auf den Tisch. Lange Zeit las er in ihrem Paß, untersuchte besonders die Visa-Stempel. Dann blickte er sie an: »Was haben Sie in Saigon gemacht?«

»Für Agence France Press gearbeitet.«

»Was?«

»Über den Krieg berichtet.«

Dann warf er den Paß auf den Tisch und drehte das Radio auf. Wahrscheinlich vermutete er immer noch, daß Wanzen in dem Zimmer waren. Er setzte sich hin und winkte ihr zu, den anderen Stuhl zu nehmen. »Was halten Sie von dem Plan der Franzosen?«

»Dämlich.«

»Warum?«

»Kein routinierter Pressemann wird sich mit Fotokopien zufriedengeben – da muß schon Besseres geliefert werden.«

Er sah sie forschend an und kam zu dem Schluß, daß sie nichts von dem Original wußte. »Warum haben Sie sich London zur Erholung ausgesucht?«

Sie zuckte die Schultern. »Billig, ich kannte es noch nicht, keine weite Reise.«

»Was halten Sie davon, mit mir zusammenzuarbeiten?«

»Ich bin eigentlich nicht daran interessiert. Es kommt mir sehr dilettantisch vor.«

»Wir würden Sie gut bezahlen.«

Sie schüttelte den Kopf, aber ihr war klar, daß er sie mit ins Spiel ziehen oder sie umbringen mußte.

»Sagen wir einen schönen Fuchspelz?«

Sie machte ein interessiertes Gesicht und sagte lächelnd: »Sibirischen Fuchs?«

Er kniff die Augen zusammen. »Der Franzose hat von mir gesprochen?«

Sie nickte. Er fluchte auf russisch und stand dann auf. »Ich möchte nur, daß Sie mit mir zusammen einige Gebäude ansehen.«

Sie lächelte. »Ach so, ein hübsches Mädchen, als Ablenkungsmanöver.«

»Wie kommen Sie darauf?«

»Es ist ein uralter journalistischer Trick.«

»Also, wie ist es?«

Sie stand auf. »Also, ein Fuchspelz von normaler Länge.«

Er grinste und streckte seine große Pranke aus. »Abgemacht.«

Der Polizeiinspektor, der genaue Anweisungen erhalten hatte, sagte: »Ich fürchte, es ist kein sehr angenehmer Anblick, Eure Exzellenz«, und zog das Laken ab. Borowski blickte auf Krezkis wächsernes, zerschlagenes Gesicht und sagte nach einer Weile: »Wie ist es passiert?«

»Sie werden einen offiziellen Bericht bekommen, Sir, aber soweit wir wissen, ist er von einem Auto angefahren worden. Einer der Zeugen sprach von einem Taxi.«

»Wird Anklage erhoben werden?«

»Sehr unwahrscheinlich, Sir, es gibt keine direkten Zeugen. Der Taxifahrer hat offensichtlich gar nicht gemerkt, daß er ihn angefahren hat. Es war stockdunkel, als es passierte.«

»Wo passierte es?«

Der Inspektor zog ein Notizbuch aus der Tasche. »Offensichtlich in der Grosvenor Road, Sir, dort wo die Straße am Fluß entlang führt in Pimplico.«

In der »Evening Mail« von Slough war zu lesen: »Zwei Angler entdeckten heute morgen die Leiche eines Mannes in der Themse. Ein Sprecher der Polizei sagte unserem Reporter, daß man kein Verbrechen vermute, aber jeder, der etwas zur Aufklärung beitragen könne, solle sich an die Polizei in Reading wenden. Die Leiche ist die eines Mannes, Mitte bis Ende Dreißig. Gesicht und

Körper weisen Verletzungen auf. Er scheint schon einige Zeit im Wasser gelegen zu haben. Er wurde in der Nähe des Wehrs bei Marsh Lock gefunden. Anwohner haben schon des öfteren eine Umzäunung des Wehrs reklamiert, die aber bisher wegen der hohen Kosten nicht durchgeführt wurde.«

Anders' Beobachtungsteam in dem Schleusenwärterhäuschen hatte gesehen, wie die Franzosen Prouvosts Leiche auf den Rücksitz des Jaguar gelegt hatten, und der kleine Sender hinter dem Kühlergrill hatte ihnen und der Funkabteilung des Nachrichtendienstes die Route angezeigt. Der Ortspolizist von Marsh Lock hatte ruhig zugesehen, wie der Körper durch das hohe Gras an das Flußufer getragen wurde. Er hatte nicht gesehen, wie er ins Wasser geworfen wurde, wohl aber, daß die drei Männer zurückkamen und der Jaguar wieder abfuhr. Es ging gegen seine Polizisteninstinkte, nichts zu unternehmen, aber er führte seine Anweisungen durch und gab seinen Bericht telefonisch an den Polizeichef in Reading weiter.

Der große dünne Mann beschattete sie, da gab es gar keinen Zweifel, und das Mädchen ließ ihr Taxi bei Simpsons halten. Ohne den Kopf zu drehen, konnte sie sehen, daß der Mann sein Taxi dreißig Meter weiter die Piccadilly abwärts auch bezahlte. Aus der Telefonzelle sah sie, daß der Mann die Auslagen betrachtete. Dann sprach sie mit Anders.

»Tad, ich kann nicht zu dir kommen, ich werde beschattet.«
»Was wolltest du hier?«
»Der Russe versucht mich anzuwerben.«
»Als was?«
»Als Ablenkung bei seinen Unternehmungen, die übliche Rolle für Frauen. Sie haben Prouvost zusammengeschlagen, und ich glaube, der Russe kann sich noch nicht entscheiden, was er mit mir machen soll. Er würde mich gerne beseitigen, weiß aber nicht genau, was dann erfolgen würde.«
»Beschreib mir den Beschatter.«
Sie beschrieb ihn von Kopf bis Fuß.
»Wo ist er jetzt?«
»Bei Simpsons in der Nähe der Lederwarenabteilung.«
Lange Pause, dann sagte er: »Jetzt hör gut zu. Nimm ein Taxi und fahr zum Royal Court Theatre in Sloane Square. Schick das Taxi weg. Wenn der Kartenverkauf geöffnet ist, kauf eine Karte für irgendeine Vorstellung in der nächsten Woche. Wenn er zu

ist, mach ein erstauntes und bestürztes Gesicht. Beim Theater werden zwei Taxis stehen, nimm das erste und es wird dich zum Hilton zurückbringen. Ruf mich in zwei Stunden aus deinem Zimmer an. Nimm dir Zeit, und sieh dich in Ruhe bei Simpsons um, sonst ahnt er, daß du nur anrufen wolltest, und ich brauche etwas Zeit, um alles zu organisieren. *Sois sage minouche.*« Dann hängte er auf. Sie hielt die Muschel noch eine Weile an ihr Ohr, um sich über die letzten Worte zu freuen.

Der Mann kaufte sich eine Zeitung vor der Untergrundstation am Sloane Square, und dann kam das Mädchen aus dem Theater und steckte irgend etwas in ihre Handtasche, ging dann auf das erste Taxi zu, der Chauffeur nickte, und sie stieg ein. Er warf dem vorbeifahrenden Auto keinen Blick zu, gab seinem Taxifahrer aber eine Pfundnote und sagte: »Folgen Sie bitte diesem Taxi dort und verlieren Sie es nicht aus den Augen.« Er stieg ein, der Fahrer zog das Freizeichen herab, bewegte einen Hebel unter dem Armaturenbrett und fuhr an. Die Taxis trennten sich an der Battersea Bridge, und der große dünne Mann brüllte und klopfte, ohne etwas zu erreichen.

Der Taxifahrer schloß die großen Doppeltüren, und der dünne Mann sah das Schild »Studio Jason«. Er behielt seine linke Hand auf der Waffe in der Tasche. Als der Fahrer in das Gebäude ging, hämmerte der Dünne mit dem Lauf auf die Fensterscheiben. Die Wandverkleidung am Haltegriff ging kaputt, aber die Fenster blieben unbeschädigt. Dann breitete sich ein schwacher Hyazinthenduft aus, und zwei Minuten später lag der Mann unbeweglich mit nach vorne hängendem Kopf an der Tür.

Der bewußtlose Beschatter wurde hineingetragen, und Anders hob die Pistole und die Stücke der zerbrochenen Wandverkleidung auf, und wartete, daß der Mann zu sich kam.

Als die Pupillen beinahe wieder normal aussahen, begann er. »Wie heißen Sie?« Der Mann schüttelte den Kopf und lächelte. Aber als Anders sagte: »Kak nazywajesia?«, wich alles Blut aus des Mannes Gesicht, und er wollte aufstehen. Anders stieß ihn in seinen Stuhl zurück und wiederholte seine Frage. Die Tatsache, daß Anders russisch zu ihm sprach, war der einzige Anhaltspunkt für den Mann, er hatte schon von solchen Situationen gehört, wenn ein »Apparat« sich verdächtig machte oder ein Mitglied des KGB ein anderes ausschaltete und man nie wußte warum. Dann fühlte er plötzlich eine Hand in seinem Haar, und Anders stieß seinen Kopf zurück, bis er kaum mehr Luft holen konnte, und stellte die Frage noch einmal.

»Komlosy.«

»Für wen arbeiten Sie?«

Der Mann zitterte heftig, weil er glaubte, es wäre bald aus mit ihm.

»Rudenko.«

»Warum haben Sie das Mädchen beschattet?«

»Er wollte sie kontrollieren.«

»Wo halten Sie sich hier auf?«

»Highgate.«

»Im Haus der Handelsmission?«

»Ja.«

»Unter welcher Deckung arbeiten Sie?«

»Verkauf von photographischen Artikeln – Kameras und Zubehör.«

»Für wen arbeiten Sie normalerweise?«

»Apparat sieben.«

»Wann sollen Sie sich wieder bei Rudenko melden?«

Der Mann sah auf die Uhr: »Vor einer halben Stunde.«

Anders befragte den Mann noch eine weitere halbe Stunde und ging dann in sein Büro, um zu telefonieren.

»Sneddon? Hier spricht Tad Anders. Ich habe einen Russen namens Komlosy aufgetan. Ich bin fertig mit ihm, aber er arbeitete für einen der ›apparats‹ des KGB. Ich brauche ihn nicht mehr, aber vielleicht wüßte er eine ganze Menge, was euch interessierte. Wollen Sie ihn?« Anders hörte ihm aufmerksam zu. »O. K., lassen Sie ihn abholen, er ist hier bei mir, aber wenn Sie fertig mit ihm sind, dann hat's sich für ihn erledigt, ist das klar?« Er schüttelte wütend den Kopf, als er dem anderen zuhörte, und platzte schließlich heraus: »Außer der meinen ist keine Genehmigung mehr nötig. Hören Sie zu, wenn Sie den Burschen befragen wollen, dann werden Sie es hier tun. Ich werde mich hinterher seiner annehmen. Sie haben vierundzwanzig Stunden und nicht mehr.« Und dann knallte er den Hörer auf. Sein Nervenkostüm wurde allmählich etwas strapaziert.

17

Das Mädchen hatte in zwölf Minuten zwölfmal auf die Uhr gesehen, und immer noch mußte sie zehn Minuten warten, ehe sie Anders anrufen sollte. Da klopfte es an die Tür, sie sprang hoch und riß sie auf. Der Russe lehnte am Türrahmen, in scheinbar lässiger Haltung, aber er wollte nur die Waffe in seiner linken Hand verstecken. Er stieß die Tür auf und kam herein. Das Mädchen ging rückwärts, bis sie an die Couch stieß. Sie setzte sich und beobachtete jede Bewegung, während er die Tür schloß.

»Packen Sie Ihre Sachen, alles.«

»Warum?«

Sie duckte sich, aber seine flache Hand traf seitlich auf ihren Kopf, und sie fiel halb bewußtlos auf ihr Bett. Er ergriff den oberen Rand ihres Pullis und zog sie daran hoch, bis sie wieder aufrecht saß. Als sie wieder klar blicken konnte, erkannte sie an seinem Gesicht, wie wütend er war, und als er noch einmal herausstieß: »Packen Sie schnell«, bedurfte es nicht mehr des Winks mit der Waffe, um zu gehorchen. Sie fragte sich, was wohl die Ursache dieses Ausbruchs war, und hoffte, Anders würde vor ihrem Weggehen anrufen. Aber er tat es nicht.

Der Russe blieb dicht hinter ihr, als sie ihre Rechnung bezahlte, nahm dann ihren Koffer und Mantel, der die Waffe in seiner Hand verbarg. Ein Wagen mit Diplomatenkennzeichen hielt draußen, der Chauffeur ergriff ihr Gepäck und half ihr beim Einsteigen. Eineinhalb Stunden später hielt der Wagen vor dem Haus in Temple.

Igor Rudenko war ein erfahrener Operationsleiter, und als der Beschatter sich zwei Stunden nach der festgesetzten Zeit noch nicht gemeldet hatte, zählte er zwei und zwei zusammen, nämlich den Überläufer von der »Batory« und Krezkis Tod und dazu die nicht eingegangene Rückmeldung Komlosys. Die Antwort gefiel ihm gar nicht, und sein Instinkt sagte ihm, daß irgendwo eine undichte Stelle war. Prouvost hatte die Franzosen durch die Affäre mit dem Mädchen gefährdet, und als die Routinebeschattung jetzt nicht klappte, wurde er argwöhnisch.

Anders hatte das Mädchen im Hilton angerufen, und als sie sich nicht meldete, an der Rezeption festgestellt, daß sie zwei Stunden vorher abgereist sei. Kurz danach erhielt er den Bericht des Beobachtungsteams im Schleusenwärterhäuschen. Vor einer Viertelstunde sei Mademoiselle Foubert in einem Wagen der russischen Botschaft eingetroffen und verschiedene Gepäckstücke seien den beiden Franzosen übergeben worden. Es wäre zwischen Rudenko und Loussier zu einer Auseinandersetzung gekommen, und schließlich sei Rudenko wieder abgefahren.

Anders war sicher, daß, wenn die Franzosen oder der Russe

in dem Mädchen mehr als eine zufällige undichte Stelle gesehen hätten, weil Prouvost ihr in seinen verliebten Gesprächen zuviel erzählt hatte, sie sofort umgebracht worden wäre. Außerdem waren sie sich wohl über die Auswirkungen ihres eventuellen Todes nicht ganz klar, weil sie nicht wußten, ob und welche Rolle sie spielte. Bisher hatten sie sie als eine Zufallsbekanntschaft angesehen, aber vermißt gemeldete Mädchen, besonders wenn sie hübsch waren, brachten immer Unannehmlichkeiten, und Rudenko hatte sogar die üblichen Sicherheitsmaßnahmen nicht beachtet und einen Wagen von der Botschaft eingesetzt. Anders wollte nicht riskieren, sie aus dem Haus in Temple herauszuholen, denn dann wüßten sie genau, daß sie gefährlich war, aber er konnte doch mit einer kleinen Pressenotiz etwas Druck ausüben.

Über den Manager des Hilton ließ er den Dritten Sekretär an der französischen Botschaft von der etwas übereilten und offensichtlich nicht ganz freiwilligen Abreise von Mademoiselle Foubert aus Paris in einem Wagen der russischen Botschaft unterrichten.

Als Anders an seinen Schreibtisch zurückkam, fand er eine Anzahl Berichte vor, die er sorgfältig durchlas. Da war zunächst eine Routinezusammenstellung über den abgehörten Funk- und Telefonverkehr des Hauses in der Avenue Foch und ein ausführlicher Bericht des Beobachtungsteams im Schleusenwärterhäuschen mit Fotos und einem Videoband. Außerdem lag Material vom Nachrichtendienst über die Aktivitäten im Highgate-Haus, dem Sitz der russischen Handelsmission, vor. In den letzten drei Tagen war Rudenko mehrmals kurz dagewesen. Die britische Botschaft in Moskau berichtete, daß ihr Militärattaché von einer Kontaktperson in der Roten Armee einen Hinweis erhalten hatte, daß seine Verbindungen zum KGB nicht genehm seien und er zur Persona non grata erklärt werden würde, wenn er sie nicht aufgab. Vor zwei Tagen war eine Funkmeldung von Moskau an Rudenko, im »Schneeball«-Code verschlüsselt, mitgehört worden, Phase zwei sei sofort einzuleiten. MacDonald berichtete aus Paris, daß der Sprengstoffexperte aus dem Haus in der Avenue Foch mit BEA nach London geflogen sei. Die Sonderabteilung hatte ihn in Heathrow identifiziert und war ihm zu einem Haus in Chiswick gefolgt, wo er jetzt ständig bewacht würde.

Von der Hafensicherheitsbehörde lag ein Bericht vor, daß vier Männer das russische Fischereischiff »Pyotr Illych« zu einem

Landgang in Cardiff verlassen hatten und nicht wieder an Bord gekommen waren. Eine Nachrichtenzusammenstellung der Funkstation des amerikanischen Sicherheitsdienstes in Wales hob hervor, daß ein Sowjet-U-Boot vor Fishguard Rendezvous mit einem großen Fischereischiff gehabt hat. Die NSA hatte das U-Boot als das K 97 aus der »Sverdlowsk«-Klasse identifiziert, das für weitreichende Überwachung eingesetzt wurde. Zwei Männer von der »Pyotr Illych« waren als KGB-Leute identifiziert worden, die vorher in der Irischen Republik eingesetzt waren. Alle vier waren nach London gefahren und dort getrennt beschattet worden. Einer begab sich zu einem Laden in Shepherd Market, der andere zu einer Pension in der Nähe von Victoria Station, der dritte zu einem Landhaus in der Nähe von Oxford und der vierte zu einem Haus in Birmingham. Auf Anders' Anweisungen wurden alle rund um die Uhr überwacht. Nach einer Reihe von Telefonaten hatte Anders gerade den Hörer aufgelegt, als ihm die erste Ausgabe des morgigen »Daily Express« hereingereicht wurde. Auf der Frontseite war eine Spalte über eine vermißte französische Journalistin und eine mögliche Verbindung zu einer Ostblock-Botschaft. Es war nicht viel, aber an der russischen Botschaft würde man die Spalte lesen, und das konnte zusätzliche Sicherheit für das Mädchen bedeuten. Nachdem er zu Bett gegangen war, konnte er lange nicht einschlafen, und dann träumte er von einer Frau, die ihm mit einem Blumenstrauß aus einem Auto zuwinkte. Sie lächelte unter Tränen, und es war Marie-Claire Foubert.

Morgens um sechs Uhr saß er schon über den in der Nacht eingegangenen Berichten, und in dem Überblick betreffend nicht identifizierten Funkverkehr hatte jemand einen Hinweis auf schwache Funksignale im Themsetal auf einer Kurzwellenfrequenz unterstrichen, die manchmal vom SIS benutzt wurde. Dazu kam, daß der Aussender einen Marinenotruf funkte und einen noch nicht identifizierten Code benutzte. Bisher waren aus dem Haus in Temple noch keine Funkmeldungen abgesetzt worden.

Plötzlich ging ihm ein Licht auf, und er erinnerte sich an den kleinen Sender, den er dem Mädchen gleich am Anfang gegeben hatte. Er war in einer echten Fassung eines Lancôme-Lippenstiftes untergebracht, und der winzige Apparat war in einem Umkreis von zwei Meilen zu hören. Zwanzig Minuten später war Anders in seinem Funkkontrollraum und hörte die aufgenommenen »verdächtigen und nicht identifizierten« Funksendungen ab. Dabei mußte er lächeln und erinnerte sich an MacDonalds Aufzeichnungen in Paris. Kein Wunder, daß das Mädchen bei ihrer Funkausbildung durchgefallen war. Die Morsezeichen kamen stockend und stoßweise und mit langen Pausen. Sie benutzte den Marinenotruf PAN als ihr Rufzeichen, und zwar unverschlüsselt. Es war schlechtes Morsen in Französisch. Sie teilte ihren Aufenthaltsort mit. Anders konnte nicht mit ihr in Verbindung treten, weil an dem kleinen Sender des Mädchens kein Empfänger war. Er überspielte einen Mitschnitt MacDonalds in Paris, der bestätigte, daß es sich um das stockende Morsen des Mädchens handelte. Gegen Mittag hatte ein Patrouillenboot der Londoner Hafenbehörde das Funkzeichen als einen Mißbrauch des PAN-Rufzeichens gemeldet, das nur Schiffen und Flugzeugen in Notfällen zustand. Anders konnte nichts unternehmen, auch als SIS sich etwas über seine offensichtlich unfähigen Amateurmitarbeiter aufregte. Ihm war, als ob die ganze Welt zuhörte, aber die Funkzeichen des Mädchens waren eine brauchbare zusätzliche Sicherheit. Der Funkspruch, den er später in der Nacht bekam, belohnte alle Mühe. Er war kurz: »PAN, PAN, PAN. Morgen große Zusammenkunft ohne mich. Minouche.«

Am gleichen Abend war Rudenko auf seinem Weg zu einem Block von Luxuswohnungen gegenüber Putney Heath beschattet worden. Er hatte mit einem Portier gesprochen, der auf eine Tür im Hauptblock gezeigt hatte.

18

Nach drei kalten sonnigen Tagen herrschte wieder typisches Moskauer Oktoberwetter. Der Himmel war verhangen, und in dem scharfen Wind waren Mantel und Hut unerläßlich. Der Mann, der das Zim verließ, knöpfte seinen Mantel zu und hielt den Hut fest. Oberst Gouzenko stand in dem Ruf, eher stark und hart als intelligent zu sein, aber er hatte alle Säuberungen und Nahkämpfe seit Ende des Zweiten Weltkrieges überlebt. Einige behaupteten, weil er in dreißig Jahren nur zwei Mal befördert worden war, andere wieder, weil er viel heller als die hellen Jungens des KGB und GRU war. Sie waren für die Masse der Soldaten viel zu politisch, und Oberst Gouzenko war der Verbindungsoffizier zwischen der Roten Armee und dem KGB und GRU, wenn es um Armeeangelegenheiten ging.

Ausländer haben die Rolle der Sowjetarmee nie richtig begriffen. Sie waren Zeugen der Degradierung oder Hinrichtung von Marschällen, Generalen und Obersten, und sie hielten die Partei für die höchste Gewalt in Rußland, aber dem war nicht so und auch seit 1953 nie gewesen. Die von der Bildfläche Verschwundenen waren meistens von der Armee ausgestoßen worden und nicht die Opfer von Politikern. Die Rote Armee stand immer wie ein Riese im Hintergrund und beobachtete das Gezänk der Politiker. Nichts war schriftlich festgelegt und sehr selten wurde darüber gesprochen, aber alle Protagonisten wußten, wo die wirkliche Macht lag. Die Armee hatte nur zwei Aufgaben – Rußland zu verteidigen und jeden Fußbreit Boden auf der ganzen Welt, dessen sie habhaft werden konnte, nicht mehr herauszugeben.

Gouzenko begab sich in die Gebäude der Lubyanka, wo der KGB sein Hauptquartier hatte. Er betrat einen großen Raum mit altmodischen Dekorationen an den mit Schnitzereien verzierten Holzwänden und Seidentapeten. An der Decke hingen drei große Lüster. Die Fenster waren hoch und schmal, auf dem Boden lag ein Buchara, und der schöne lange Tisch stammte aus einer Villa des Zaren. Um einen niedrigen runden Glastisch, auf dem eine Schale mit Früchten stand und eine flache Schüssel mit Nüssen und Zuckerwerk, waren sieben bequeme Sessel gestellt.

Als Gouzenko eintrat, wandten sich die beiden Männer am Fenster um. Einer war Yessow, ein Zivilist im KGB und schon sehr lange im Dienst, und der andere war Georg Levin, ein Oberst im GRU. Yessow hielt ein Glas hellen Weißweins in der Hand, und Levin hatte sich gerade eine dünne Zigarre angezündet.

Gouzenko ging hinüber zum Fenster und nickte Yessow zu, den er verachtete. Der KGB betrachtete sich als Avantgarde, die neue Maßstäbe setzte, und Yessow war ein typischer Vertreter dieses neuen Stils.

Yessow schwenkte sein Glas: »Wie wär's mit einem Glas für dich, Nikita?«

Gouzenko blickte ruhig und ohne zu lächeln in das selbstzufriedene Gesicht des anderen. »Wenn wir fertig sind, Yessow, und die vorliegenden Nachrichten gut sind.«

Yessow lächelte Levin zu und sagte: »Es ist wohl besser, wir fangen an, Levin«, und deutete mit einer Handbewegung auf die Sessel. Autoritätsbewußt begab er sich zu dem runden Tisch, schließlich befanden sie sich im KGB-Hauptquartier, er war der Gastgeber und sie die Gäste. Und das beste war, daß die eingegangenen Meldungen positiv klangen und die Generale nicht vorausblickend genug gewesen waren. Wenn die Operation Schneeball beendet war, konnte die Armee drastisch reduziert werden, denn die Politiker würden bewiesen haben, wie man die Welt ohne Soldaten erobern konnte. Dem großen braunen Bären könnte man einen Topf voll Honig schenken und ihn mit einem Klaps auf den Rücken entlassen, während sein Herr und Gebieter die Führung übernahm.

Die drei Männer setzten sich in ihren Sesseln zurecht, aber Gouzenko bekam es auch dabei noch fertig, militärisch auszusehen. Er beugte sich aufmerksam vor und hielt die Hände gefaltet zwischen den Knien. Ohne Kommentar hörte er zu, als Yessow die verschiedenen Berichte vorlas und sie über den Stand der Operation ins Bild setzte. Es dauerte beinahe eine Stunde, ehe er zum Ende kam und einen dicken Aktenordner auf den niedrigen Tisch legte.

»Wir müssen nur noch entscheiden, wann wir Rudenko das Startzeichen geben wollen. Hat einer von Ihnen etwas dazu zu sagen?« Levin zündete sich eine weitere Zigarre an und sagte, sich zurücklehnend: »Aus Botschafter Borowskis Bericht geht hervor, daß nach seiner Meinung die Nachrichten über eine geplante Zusammenarbeit der Amerikaner und Kanadier mit den Nazis zwar eine gewisse Verärgerung hervorrufen würden, aber nichts weiter.«

»Botschafter Borowski kennt nur einen Teil der Operation, den die Franzosen entwickelt haben, und der ist nur der Startschuß.« Levin spitzte den Mund. »Die andere Sache, die mich beschäftigt, ist, daß Rudenko eine ganze Menge verspricht. Wieviel ist denn dabei nur Wunschdenken?«

Yessow ergriff den Aktenordner und zog einige Amtsbogen heraus. »Hier ist eine Analyse des Direktors von ›Apparat 7‹ in England, und er ist nicht gerade Rudenkos Freund, wie Sie vielleicht schon aus den früheren Berichten ersehen haben. Die Aussichten sind wirklich gut, wenn man nur berücksichtigt, was als sicher vorausgesetzt werden kann. In der ersten Woche werden die Veröffentlichungen in der Presse erscheinen und danach mehrere tausend Leserbriefe, die die Empörung der Öffentlichkeit zum Ausdruck bringen. Am Ende dieser Woche werden die ersten Artikel gebracht, die darauf hinweisen, daß die Amerikaner immer noch ihre Verbündeten ausbeuten.

In der zweiten Woche werden in London und sieben Provinzstädten Massenprotestversammlungen veranstaltet, dazu zwei Fernsehsendungen, die die Folgen der Dollarkrise auf die britische Inflation aufzeigen. Gleichzeitig kommt ein Taschenbuch heraus, in dem amerikanische Interessen oder Besitzrechte an britischen Industrie- und Handelskonzernen zusammengestellt sind.« Er sah Levin und Gouzenko an. »Am Ende der zweiten Woche werden Veranstaltungen in mehr als 200 Betrieben stattfinden, und man schätzt, daß wir fast eine Million Arbeiter für einen zweitägigen Proteststreik gewinnen können. Es werden Demonstrationen auf dem Trafalgar Square gegen das Kanada-Haus stattfinden und auf dem Grosvenor Square gegen die amerikanische Botschaft. Wir haben eine Sondereinheit zusammengestellt, die den amerikanischen Botschafter täglich und stündlich, wo er sich auch aufhält, belästigen wird, und bei diesem Stadium wird es ähnliche Proteste in den anderen NATO-Staaten geben. Was unsere Operation so stimmig macht, ist die Tatsache, daß während der letzten sechs Monate alle Informationen darauf hinweisen, daß die Amerikaner selbst nur zu gerne ihre Truppen aus der NATO zurückzögen.«

Gouzenko unterbrach: »Ihre Investitionen in Großbritannien werden sie aber nicht zurückziehen.«

Yessow nickte. »Das ist richtig, aber es ist für die Operation unerheblich. Diese ganze Unternehmung hat nur ein Ziel: eine Situation zu schaffen, die einen Rückzug der Amerikaner aus der NATO begünstigt oder daß man sie herauswirft, alles andere ist unwichtig.«

»Glauben Sie nicht, daß die andere Seite die Situation analysieren wird und doch bleibt, um das Gleichgewicht zu halten?« fragte Levin. Gouzenko lehnte sich zurück. »Mein lieber Levin, es gibt kein Gleichgewicht, sogar wenn die Amerikaner in der NATO bleiben.« Er zog eine Aufzeichnung aus der Tasche und überflog sie kurz, ehe er fortfuhr: »Die Warschauer-Pakt-Staaten haben mindestens eine Übermacht von drei zu eins gegenüber der NATO in allen Funktionen: Truppenstärke, Waffen, Flugzeuge und Schiffe, außer atomgetriebene U-Boote, und zwar schon seit Sommer 1972. Die ganze NATO ist eine Verschwendung von Zeit und Geld, und jedes NATO-Mitglied weiß das, und nach dieser Operation werden es die Völker auch wissen.«

Levin beugte sich vor. »Sie werden sich erheben, wenn sie die Tatsachen kennen und ...« Yessow lächelte: »Sie werden sich nicht erheben, weil sie zu sehr an ihren Farbfernsehern hängen, an neuen Autos und Tiefkühltruhen und allem übrigen. Unsere Operation würde nicht gelingen, wenn es nur um Enthüllungen über die NATO ginge. Rudenko wird sie zum Erfolg führen, weil man die Amerikaner beneidet und haßt und wir gute, vernünftige und ehrliche Gründe liefern, dies auch laut auszusprechen.« Yessow wartete auf die Meinung der beiden anderen. Als keiner etwas sagte, fuhr er fort: »Stimmen Sie zu, daß wir die Lage, wie sie sich nach der Operation Schneeball ergeben wird, analysieren sollten?« Gouzenko wartete, ob Levin etwas sagen würde. Als er schwieg, sah er Yessow an und klopfte mit seinen dicken Fingern auf den Tisch, während er sprach: »Genosse Yessow, ich empfehle Ihnen nachdrücklich, sich mit Ihren Überlegungen auf die Operation Schneeball zu beschränken. Sie befindet sich erst in der Anfangsphase, und wenn sie gelaufen ist, können Sie versichert sein, vom Oberkommando die nötigen Anweisungen zu erhalten.« Dann stand er auf, blähte seine Backen, und seine kleinen Schweinsaugen lächelten. »Vielleicht fügen Sie dann noch einen Absatz an Ihre Beurteilung der Lage an, Genosse Yessow, nämlich, wie das KGB-Budget verkleinert werden kann, wenn wir Europa beherrschen. Denken Sie mal darüber nach, Genosse!« Und er klopfte Yessow mit seiner sehr harten Hand auf die Brust.

Yessow betrachtete seinen Drink und schwenkte ihn langsam im Glas. Dann sah er auf und sagte: »Stimmen wir darin überein, daß Rudenko jetzt die zweite Phase startet?« Gouzenko zog sich seinen Mantel an und schnallte das Koppel um: »Einverstanden«, sagte er, grüßte und ging hinaus.

Er begab sich zum Militärmuseum, einem weißen, leuchtenden Gebäude, das etwas orientalisch wirkte. Das Museum war seit zwei Stunden geschlossen. Es waren keine Wagen draußen geparkt, aber er wußte, daß wenn etwa in der nächsten Stunde eine Bombe auf das Gebäude geworfen würde, die führenden Köpfe des Oberkommandos der Streitkräfte ausradiert wären.

Seine Stiefel hallten auf dem spiegelnden Parkettboden, und als er sich am Ende des Ganges der Flügeltür näherte, sah er eine brennende Zigarette. Nach einigen Schritten erblickte er das gutgeschnittene schwermütige Gesicht von Marschall Rokossovski, dem Helden vom Don, von den Polen jedoch als Verteidigungsminister hinausgeworfen, weil sie in ihm trotz seines Namens einen Russen sahen, bis in die Spitzen seiner Stiefel. Er legte die Hand auf Gouzenkos Arm und beugte sich vor, um die

Tür zu öffnen. »Sie warten auf Sie«, sagte er.

Neun Männer in Uniform waren anwesend, der einzige Marinemann war ein Admiral, die anderen nur Oberste, und alle hatten graue Haare. Sie saßen um einen langen Tisch, und die drei Lichtquellen im Raum hatten grüne Schirme, so daß die Gesichter der Männer wie Ölporträts wirkten. Rokossovski stand über seinen Stuhl gelehnt am Kopfende des Tisches; alle Augen waren auf ihn gerichtet. »Ich möchte Sie daran erinnern, meine Freunde, daß wir heute abend hier zusammengekommen sind, um uns mit dem gescheiterten Einsatz der motorisierten Pioniereinheit in der Dnjepr-Operation zu befassen.« Er hielt kurz inne und blickte in ihre bewegungslosen Gesichter. Sie wußten, warum sie zusammengekommen waren und kannten die zur Tarnung dienende Geschichte nur zu gut. Schließlich sagte jemand am unteren Ende des Tisches: »Wir wissen Bescheid, Konstantin, wir wissen Bescheid.« Rokossovski ging um seinen Stuhl herum und setzte sich. Dann wandte er sich Gouzenko zu und sagte: »Also, Nikita, was gibt es Neues?«

Gouzenko blickte in die Runde, ehe er begann: »Erstens, die Operation Schneeball geht heute nacht in die zweite Phase, in alleiniger Verantwortung des KGB. Zweitens: die erste Phase ist – meiner Ansicht nach erfolgreich – durchgeführt worden. Drittens: weder im KGB noch im GRU hat man eine Ahnung, worum es in der Operation Schneeball wirklich geht.«

Rokossovski nickte anerkennend und sagte: »Also, meine Herren, so ist die Lage. Wir sprechen hier über die vierte Phase der Operation Schneeball: die tatsächliche Besetzung Europas von der Ostsee bis zur Adria. Ich glaube, keiner von uns hat noch einen Zweifel über die vierte Phase. Wir haben in zwei Jahren Planung und Durchführungsmöglichkeiten bis hin zu den Einsatzbefehlen beraten. Die Operation wird im ungünstigsten Fall nach sieben, im besten nach drei Tagen beendet sein. Für uns spielt das keine Rolle, aber ...«, und er drohte mit dem Finger, um seinen Worten Nachdruck zu verleihen, »wir müssen heute nacht genau festlegen, wie erfolgreich Phase drei von Schneeball ablaufen muß, ehe wir mit Phase vier beginnen können.« Er lehnte sich zurück und wartete.

Ein Panzeroberst erhielt von Rokossovski das Wort und begann: »General, wir sind unabhängig von diesem politischen Plan, wir können morgen unsere Aufgabe durchführen, wenn Sie den Befehl geben.«

Rokossovski blickte in die Runde, ob jemand das Wort ergreifen wollte, aber niemand sprach, aller Augen waren auf ihn gerichtet. »Mein Freund hat recht, wir könnten Europa in vier blutigen Tagen erobern, aber indem wir die verschiedenen Phasen der Operation Schneeball benutzen, können wir mehrere positive Schritte für uns verbuchen. Wenn ich von vier blutigen Tagen sprach, ist mir bewußt, daß auch unser Blut dabei sein wird. Je mehr die örtliche Bevölkerung erkennt, wie selbstsüchtig und unzuverlässig die Amerikaner sind, um so einfacher wird unsere Operation verlaufen und um so einfacher wird auch die Organisation der darauf folgenden Besetzung sein. Natürlich werden wir in Guerillakämpfe verwickelt werden, aber wenn sie wissen, daß die Amerikaner bereit waren, sich mit den Nazis einzulassen, werden sie daraus ihre Schlüsse ziehen. Ich bin auch darauf hingewiesen worden und stimme völlig überein, daß die Reaktionen des amerikanischen Volkes nicht so heftig sein werden, wenn sie schon vorher durch die Europäer ernüchtert worden sind. Es sind sorgfältige Analysen vorgenommen worden, und man hat mir gesagt, daß es wichtig ist, besonders in Großbritannien für innere Unruhen zu sorgen.«

Er hielt inne und fuhr dann mit einem leichten Lächeln fort. »Bedenken Sie auch, daß wenn Schneeball in den ersten Phasen keinen Erfolg hat, wir einen Grund mehr haben, uns mit dem KGB auseinanderzusetzen. Wir dürfen nicht vergessen, daß der KGB den Sowjets zeigen will, daß er Europa ohne die Rote Armee erobern kann. Die Parteibonzen haben da ihren festen Plan, und wenn er funktioniert, dann täuschen Sie sich nicht, meine Freunde, wären wir dran.«

Er stützte seine dicken behaarten Hände auf die Tischplatte. »Sie haben meine Versicherung, daß jede Einheit der russischen Streitkräfte hinter uns steht, sonst wären wir nicht hier. Wir wollen unsere Pläne wie vereinbart durchführen – wir haben nichts zu verlieren –, wenn die ersten drei Phasen auch nur teilweise erfolgreich sind, haben wir auf alle Fälle Material gespart und Leben gerettet. Wir tun nichts weiter, meine Freunde, als uns der Beute zu bemächtigen, für die wir bezahlt haben und die die Politiker 1945 weggeworfen haben.« Mit einem schnellen Blick in die Runde vergewisserte er sich der allgemeinen Zustimmung. Ruhig und gelassen fuhr er fort: »Nun wollen wir die Lage noch einmal genau prüfen.«

Er wandte sich einem Mann am unteren Tischende zu: »Gregor, wenn ich richtig verstehe, weist General Susloparow auf das Problem des Nahrungsmittelnachschubs und der Verteilung in Sizilien und auf den schleswig-holsteinischen Inseln hin. Der Stab der Vierten Armee und die Offiziersstudenten im letzten Jahr der Akademie haben beide kürzlich dieses Problem untersucht. Außerdem gibt es überarbeitete Verfügungen für Paris und Brüssel, dort möglichst wenig Gebäude zu zerstören, die für Armee-Hauptquartiere benötigt werden. Darüber hinaus wurde beschlossen, die in einiger Entfernung von der Küste liegenden Inseln, einschließlich der Kanalinseln nicht zu besetzen. Bis hinunter zu den Divisionsstäben werden Adressenlisten der Kollaborateure verfügbar sein. Sie sind streng geheim . . .«

Sie sprachen und berieten bis in die frühen Morgenstunden des nächsten Tages und gingen dann einzeln oder zu zweien weg. Als Gouzenko das Haus verließ, blickte er zu den tief hängenden, schnellziehenden Wolken herauf. Er hoffte, der neunten und vierzehnten Armee zugeteilt zu werden, die einige alte Rechnungen in Westdeutschland begleichen würden.

19

Draußen begann plötzlich Schneetreiben, und als Yessow aus dem Fenster sah, dachte er, daß er wahrscheinlich nicht mehr oft an Wochenenden in seine Datscha nach Penickow würde fahren können. Winter auf dem Lande mochte für Familien ganz angenehm sein, aber nicht für wohlhabende Junggesellen. Das Treffen mit Gouzenko anläßlich der Operation Schneeball lag vier Tage zurück, und irgend etwas, was Gouzenko gesagt oder getan hatte, ging ihm nicht aus dem Kopf, aber er konnte sich nicht mehr genau erinnern, was es gewesen war. Wahrscheinlich würde es ihm wieder einfallen, wenn er aufhörte, darüber nachzugrübeln.

Er ließ sich ein Auto aus dem KGB-Wagenpark zur Verfügung stellen, leistete seine Unterschrift, holte dann sein Gepäck aus der Wohnung und fuhr ostwärts in Richtung Orekhovo.

Er hatte gehört, daß er nach der Operation Schneeball befördert und mit den dazugehörigen Auszeichnungen versehen nach Paris versetzt werden würde. Er kannte Paris gut und würde alte Verbindungen wieder aufnehmen und neue anknüpfen können. Einige der Mädchen müßten jetzt beinahe dreißig sein, wahrscheinlich verheiratet mit Kindern.

Während des Sommers hatte Yessow die meisten Wochenenden auf seiner Datscha verbracht, eine alte Frau aus dem Dorf räumte auf und sah nach dem Haus, wenn er nicht da war. Jetzt war es hell erleuchtet, und als er den Fußweg hinaufging, kam die alte Dame heraus, um ihm mit dem Gepäck zu helfen. Zehn Minuten später ging sie, und er war allein.

Er hatte sie gebeten, an das Fenster des Mädchens zu klopfen und während er wartete, aß er von dem Schinken und dem Salat, den sie für ihn vorbereitet hatte. Sie hatte den Ofen angezündet, das Zimmer war warm und es roch angenehm nach Holz.

Yessow genoß diese Wochenenden auf dem Lande mit seinen Büchern und ohne den Streß der Stadt und des Berufs. Das Mädchen paßte in das Haus und zu dem hiesigen Lebensrhythmus. Einige Monate, nachdem ihm diese Datscha zugeteilt worden war, hatte sie ihm an der Tür frische Eier verkauft und war dann die ganze Nacht bei ihm geblieben. Das war erst ein knappes Jahr her, und damals war sie siebzehn. Sie besaß nicht die Erfahrung der Moskauer Mädchen, die ab und zu sein Lager teilten, aber sie war viel hübscher und auf vorbehaltlose und unschuldige Weise willfährig. Sie ließ alles mit sich geschehen, nicht widerwillig, sondern natürlich und ungeniert wie ein schönes junges Tier. Ab und zu gab er ihr Geld und brachte ihr kleine Geschenke aus Moskau mit, die ihr noch besser gefielen. Es war eine unbeschwerte, erholsame Verbindung, und sie kam nur, wenn er sie holen ließ.

Er hatte ihr einen hellen Strohhut mit Korn- und Mohnblumen auf der Krempe mitgebracht und freute sich schon darauf, wie er ihr gefallen würde. Als sie eine halbe Stunde später kam, setzte sie sich auf das Bett und probierte den Hut gleich auf. Mit ihren langen blonden Haaren und den hellen blauen Augen sah sie beinahe schwedisch aus, und als sie die Arme hob, um den neuen Hut zurechtzurücken, sah er ihre großen vollen Brüste und konnte es kaum mehr erwarten, sie zu nehmen. Das Mädchen hatte seine Augen gesehen und lachte ihn an mit dem Hut auf dem Kopf. Sie wußte, was er wollte, und ein paar Sekunden später stand sie nackt vor ihm, mit einer Hand den Hut haltend, während die andere locker herabhing. Das Angebot war nicht zu übersehen, und als er sie zu sich heranzog, lachte sie, warf den Hut auf das Bett und machte keinen Versuch, ihre Bereitwilligkeit zu verbergen, als er sich ihr näherte.

Zwei Stunden später lag Yessow entspannt in den Kissen. Das

Mädchen hatte ihre vollen Brüste in seine Leistengrube geschmiegt und aß einen Apfel, während sie sich unterhielten. Sie lachte, als Yessow bei ihren Bewegungen sagte: »Bleib ruhig liegen, Mädchen, du bringst mich sonst wieder in Fahrt«, und antwortete: »Dann laß uns über Friedhöfe sprechen, und du wirst dich wieder abregen.«

Er grinste. »Wir wollen lieber über dich sprechen. Wie geht es deinem schneidigen Artillerieleutnant?«

Der Leutnant befehligte ein im Dorf stationiertes Bataillon. Er war 28, sah gut aus und wollte das Mädchen heiraten. Seit einem Jahr machte er ihr den Hof und wußte nichts von Yessow und seiner Beziehung zu dem Mädchen. Yessow sagte nie etwas Unfreundliches über den jungen Mann und wußte auch, daß er keinen Grund zur Eifersucht hatte. Das Mädchen kam zu ihm, so oft er es haben wollte, und verwehrte ihm nichts, und der Leutnant bekam nur züchtige Küsse, und das auch nicht allzu oft.

Das Mädchen sagte: »Er ist ein sehr netter Junge, und ich glaube, wir werden bald heiraten.« Yessow beugte sich vor und zog sie herauf, so daß sie auf ihm und ihr Mund auf dem seinen lag. »Du wirst ihm eine sehr gute Frau sein«, murmelte er. Aber sie wußte aus Erfahrung, was sie zu tun hatte, setzte sich rittlings auf ihn und küßte ihn leidenschaftlich, während er in ihr war. Beiläufig fragte er dabei: »Warum glaubst du das?«

»Er wird bald versetzt werden, und wenn alles gutgeht, wird er zum Hauptmann befördert und bekommt die Heiratserlaubnis.« – »Wohin wird er versetzt?« – »Nach Hannover.« – »Wann?« – »Das wissen wir nicht genau, aber die Einheit ist in Alarmbereitschaft, also wird es wohl nicht mehr lange dauern.«

Er setzte sich auf: »Was soll das heißen: in Alarmbereitschaft? Willst du damit sagen, alle werden versetzt? Das ist unmöglich.« »Es ist nicht unmöglich, er weiß Bescheid. Sie haben besondere Befehle bekommen.«

»Aber Hannover liegt in Westdeutschland. Dort sind keine Einheiten der Roten Armee stationiert, du hast da etwas falsch verstanden.« Das Mädchen errötete und sagte: »Das hat er mir jedenfalls gesagt, und die Offiziere lernen jeden Abend deutsch.«

Sie lehnte sich zurück und blickte auf ihn herunter und lächelte überlegen, als sie seine Augen auf ihren Brüsten sah. Auch wenn sie erst achtzehn war, wußte sie doch, daß sie damit das letzte Wort hatte.

Es war schon nach Mitternacht, als sie aßen, und während

des Essens hörte er eine Rundfunkübertragung von Rachmaninows »Toteninsel«. Aber irgend etwas brummte wie eine gereizte Fliege in seinem Kopf. Irgend etwas hatte das Mädchen gesagt, was keinen Sinn gab. Er nahm sich gerade einige Trauben aus einer Schale, als es bei ihm funkte.

»Hast du vorhin gesagt, daß das Artilleriebataillon in Alarmbereitschaft ist und daß die Versetzung von Dauer sein würde, wenn alles gutgeht?«

Sie nickte.

»Wenn was gutgeht?«

Sie zuckte die Schultern: »Wenn – nun ja, was die Soldaten so tun, gutgeht, die Schlacht oder so.«

Er band sich ein Handtuch um die Hüften und ging zum Telefon. Sogar hier draußen hatte er einen Verwürfler, aber für seinen ersten Anruf bei der »Gefechtsordnung« = Abteilung des KGB benutzte er ihn nicht. Es stellt sich heraus, daß die Artillerieeinheit in dem Dorf die Kompanie B von Bataillon 17 war, die dienstlich der Angriffsdivision »Rostow« unterstand, und daß das Losungswort des Tages »Dynamo« lautete. Für das zweite Gespräch benutzte er den Verwürfler, und nachdem er die Losung gegeben hatte, ließ er sich mit der operativen Führung verbinden. Als sich der Teilnehmer meldete, sagte er: »Geben Sie mir die Einsatzbefehle der nächsten Woche für die Kompanie B des Bataillons 17, das der Angriffsdivision Rostow untersteht. Losungswort: Dynamo.«

»Einen Augenblick, Genosse.«

Dann hörte er: »Die Kompanie hat Routinearbeit in der nächsten Woche.«

»Und in der übernächsten Woche?«

»Einen Augenblick, bitte.«

Er hatte das Gefühl, irgend etwas auf der Spur zu sein, trotz der bisher negativen Auskünfte. Jetzt meldete sich eine andere Stimme am Telefon, schärfer und autoritärer: »Haben Sie sich über eine Einheit der Angriffsdivision Rostow erkundigt?«

»Ja, Genosse.«

»Was ist der Zweck Ihrer Anfrage?«

Yessows Stimme wurde schärfer. »Kein besonderer Zweck, Genosse, nur Losungswort Dynamo, und darf ich Sie erinnern, daß laut Absatz acht verboten ist, die Gründe für eine Nachfrage zu verlangen, wenn das korrekte Losungswort gegeben ist. Beanstanden Sie ›Dynamo‹?«

»Nein, Genosse, ich nehme an, daß Sie KGB-Verbindungsstelle sind und bitte Sie zu warten, während ich nachsehe. Diese Einheit ist auf dem Ausdruck nicht aufgeführt.«

»Warum, Genosse?«

»Keine näheren Angaben, aber ich werde nachsehen.«

Plötzlich war wieder eine andere Stimme am Telefon, entspannt, aber schroff: »Guten Tag, Genosse, kann ich Ihnen helfen?«

»Ja, Genosse, es geht um eine einfache Frage.«

»Hier spricht Genosse General Marow. Es wird ungefähr eine Stunde dauern, bis alles überprüft ist. Die Einheit scheint nicht auf dem Hauptcomputer zu sein, wir müssen die Unterlagen auf der nächsten Befehlsebene prüfen. Ist es sehr wichtig?«

»Nein, überhaupt nicht. Soll ich Sie morgen wieder anrufen?«

»Ausgezeichnet, Genosse, tun Sie das.«

Yessow legte den Hörer langsam auf. Irgend etwas war da im Busch. Generale, die Routinefragen beantworteten und Ausreden gebrauchten, um keine Information geben zu müssen. Die Möglichkeit, daß eine Angriffsdivision wie die Rostow nicht auf dem Einsatzcomputer ist, war so abwegig, daß man keinen Gedanken mehr darauf zu verschwenden brauchte. Er wußte, daß er irgend etwas entdeckt hatte, was ein General verbergen wollte. Entweder Korruption oder Verrat, darunter tun es Generale nicht.

20

Er brachte das Mädchen ins Dorf zurück, und als er wiederkam, schüttete er Kohle im Kachelofen nach und setzte sich an den kleinen Tisch. Nachdem er eine Liste von Namen und Telefonnummern zusammengestellt hatte, zog er sich das Telefon heran und begann, die Reihe herunterzutelefonieren. Eine Stunde später hatte er bei vier Ministerien und dem Sekretariat des Präsidiums verschiedene Informationen überprüft. Seine bewußt vorsichtig formulierten Anfragen hatten weder Neugier noch Verdacht erregt.

Was ihm dabei zu Ohren gekommen war, ergab keinen Sinn, es sei denn, irgendwo wäre wirklich etwas ganz Schreckliches im Busch. Und wenn seine Befürchtung zuträfe, dann bliebe ihm nicht sehr viel Zeit, das herauszufinden und einen Entschluß zu fassen. Vierundzwanzig Angriffsdivisionen waren nicht auf dem zentralen Computer, und das seit einer Woche. Das konnte

Übungseinsätze oder Neuaufstellung bedeuten. Dort wo er näher nachgefragt hatte, bei fünf Divisionen, war er immer bis zur nächsthöheren Ebene weitergereicht und dort abgefertigt worden, was an sich schon verdächtig war, weil solche Routineanfragen normalerweise von dem Divisionsverbindungsstab behandelt wurden. Divisionskommandeure pflegten nicht ihre Zeit mit solchen Angelegenheiten zu verschwenden, es sei denn, sie wollten die Frager einschüchtern. Und warum waren sie nicht mehr auf dem zentralen Kontrollcomputer, der jeden Funkspruch und Befehl aufzeichnete? Es stand keine militärische Übung bevor, da das Planspiel »Dnejpr« gerade erst zu Ende gegangen war. Er hätte Gouzenko als offiziellen Verbindungsoffizier zwischen der Roten Armee und dem KGB anrufen können, aber irgendein Instinkt hielt ihn zurück. Als er jedoch nachforschte, wo sich Gouzenko aufhielt, erfuhr er, daß er in Ost-Berlin war, und das schien auch merkwürdig.

Er zögerte lange, ehe er, beinahe unbewußt, seine Pistole aus der Aktentasche nahm und ins Dorf fuhr. Die Artillerieeinheit war bei einer verfallenen hölzernen Mühle stationiert, die jetzt das Schild trug »Kompanie B Hauptquartier«. Einen Augenblick blieb er am Wagen stehen und sah sich um. Es standen Geschütze da, die mit den modernsten Tarnnetzen zugedeckt, von bewaffneten Soldaten bewacht waren. Er bemerkte, daß sie die Seitengewehre aufgepflanzt hatten, und fragte sich, ob das normal sei. Während er so dastand, kam ein großer, schlanker Leutnant auf ihn zu. Er trug keine Mütze, und sein blondes Haar wehte im böigen Wind. Er hatte sehr blaue Augen und Sommersprossen, und es war leicht einzusehen, daß viele Dorfmädchen ihn sehr erstrebenswert fanden. Ehe der junge Mann zu sprechen anfing, zeigte ihm Yessow seinen Ausweis. Die blauen Augen verglichen sein Gesicht mit dem Foto und lasen die Beschreibung gründlich durch. Dann erhielt er die Karte zurück.

»Kann ich Ihnen behilflich sein, Genosse Yessow?«

»Können wir in Ihr Büro gehen, Genosse Leutnant, und dort miteinander reden?«

Der junge Mann ging voraus und sagte einem Sekretär, daß sie nicht gestört werden wollten. An den Wänden hingen Karten und Tagesbefehle in Stahlhalterungen an Nägeln. Daneben ein Foto Lenins, ein farbiges Poster von Breschnew und ein Marschall der Roten Armee in seiner ganzen Herrlichkeit. Beim näheren Hinsehen erkannte er den alten Haudegen Rokossovski.

Der Leutnant wies auf einen Stuhl an dem Kartentisch und setzte sich ihm gegenüber. Yessow lehnte sich zurück und betrachtete schweigend sein Gegenüber. Die blauen Augen hielten seinem Blick freimütig stand. Yessow vermutete, daß alles, was in dieser Kompanie geschah, auf Befehl des Divisionskommandos erfolgte. »Sie sprechen ganz gutes Deutsch«, sagte Yessow langsam und musterte bei diesen Worten scharf das Gesicht des anderen. Der junge Mann lächelte und zuckte die Schultern: »Leider bin ich kein Fachmann der deutschen Sprache – trotzdem bin ich ...« Dann hielt er inne und fuhr russisch fort: »Warum sprechen wir deutsch, Genosse?«

Yessow sah ihn an und schwieg eine Weile. »Mir liegen Berichte vor, daß Angehörige Ihrer Einheit Sicherheitsbestimmungen mißachtet haben.«

»In welcher Hinsicht, Genosse?«

Yessow lehnte sich zurück und ließ die Augen nicht von des jungen Mannes Gesicht. »Sie haben von Hannover erzählt, Leutnant.« Es funktionierte, die blauen Augen waren zusammengezuckt, und langsam wurde der Leutnant rot. Er stand auf und ging hinüber zum Ofen. Dann drehte er sich plötzlich um und sagte:

»Wenn Sie mir die Namen sagen, werde ich dafür sorgen, daß sie entsprechend bestraft werden.«

Yessow lächelte: »Ich fürchte, so einfach ist das nicht, Genosse.«

»Warum nicht?«

»Wann erhielten Sie Ihre Befehle betreffs Hannover, Genosse?«

»Am 30. September.«

»Schriftlich oder mündlich?«

»Die Übung war schriftlich – die Befehle wurden telefonisch durchgegeben.«

»Von wem?«

»Hauptquartier Moskau.«

»Wer gab sie?«

»Ein General Gouzenko.«

»Haben Sie Zeit und genaue Formulierung eingetragen?«

»Ja.«

»Zeigen Sie mir Ihre Aufzeichnungen.«

»Ich habe es gewissermaßen nur im Kopf notiert.«

Jetzt sah Yessow den Leutnant an und lächelte nicht mehr.

»Genosse, Sie kennen die Strafe für den, der mit Zivilisten über Einsatzbefehle redet.«

Der junge Mann begann zu zittern. »Ja, Genosse, ich weiß, was soll ich tun?«

Er sah aus, als ob er ohnmächtig werden würde, und Yessow winkte ihm, sich wieder hinzusetzen.

»Wie lauten die mündlichen Befehle, Leutnant?«

Der Mann schloß die Augen, um sich zu konzentrieren, und sagte dann langsam: »Übung gilt als Einsatz am 30. Oktober, 24 Uhr.«

»Die Übung war mit schriftlichen Befehlen gedeckt?«

»Ja, Genosse.«

»Zeigen Sie sie mir.«

Sein Gesicht war verstört, und er mußte sich beim Aufstehen stützen, als er zu dem bei der Truppe üblichen Safe ging. Er schloß ihn mit zwei Schlüsseln auf, und ein dünner Aktendeckel lag obenauf. Seine Hand zitterte, als er ihn Yessow reichte. Das erste Blatt war eine gedruckte Inhaltsangabe mit der Überschrift »Operation Schneeball«. Dann folgten zwölf enggetippte Seiten mit Darstellungen und detaillierten Befehlen. Obgleich ihm klar war, daß irgend etwas fürchterlich falsch war, vermochte Yessow dem Augenschein noch nicht zu trauen und die richtigen Folgerungen daraus zu ziehen. Er wies schließlich den jungen Offizier an, den Safe zu schließen und sagte dann ruhig: »Genosse Leutnant, ich übernehme diese Dokumente und schlage vor, daß Sie meinen Besuch niemandem gegenüber erwähnen, haben Sie verstanden?«

21

Gegen Mittag war Yessow wieder in Moskau, und unterwegs hatte er sich einen ungefähren Plan für sein Vorgehen überlegt. Sollten seine Nachforschungen in den nächsten zwei Stunden positiv sein, würde er seine eigene Flucht vorbereiten. Aber er war sich noch nicht klar, wohin er fliehen sollte. London und New York boten sich an, waren aber schwierig zu erreichen. Paris, Stockholm oder Helsinki wären einfacher. Berlin kam nicht in Frage, dort hätte er keine Chance.

Eine halbe Stunde später wußte er schon genug, er hatte die KGB-Verbindungsoffiziere von zehn der 24 Divisionen, die nicht mehr auf dem Zentralcomputer waren, angerufen. Keiner war zu sprechen. Krankenurlaub, Urlaub aus familiären Gründen, Versetzung wegen Beförderung zu anderen Truppenteilen, Wochenendurlaub – jede mögliche Entschuldigung oder Begründung, wie sie bei allen Armeen der Welt üblich sind, außer Tod oder Überlaufen, wurden angeführt, um ihm zu erklären, warum er den KGB-Mann nicht sofort sprechen konnte. In keinem Fall hatte er insistiert. Alles war eitel Freude und Wohlwollen.

Er ging den langen Gang in der Lubyanka von seinem Büro zur Transport- und Reiseabteilung hinunter und suchte sich dort mehrere Verbindungen heraus, prüfte die Fahrpläne, und als er wieder gehen wollte, kam plötzlich eine Ordonnanz. Er sollte sich an den Offizier vom Dienst wenden. Der diensthabende Offizier habe einen Funkspruch von der Funksicherheit bekommen: »Bestimmt für den dienstältesten Offizier.« Yessow hielt den hellgelben Umschlag in der Hand und wandte sich an seinen Kollegen: »Haben Sie festgestellt, daß ich im Augenblick der dienstälteste Offizier hier bin?«

»Ja, Sir. Genosse Laski wird um vier Uhr hier sein, aber eine Meldung von der Funksicherheit muß sofort bearbeitet werden.«

Yessow nickte, öffnete gleichgültig den Umschlag und las die Meldung. Er blickte zu dem jüngeren Offizier hinüber und sagte: »Ich werde mich der Sache annehmen, tragen Sie es ein unter dem heutigen Datum, 13.17 Uhr Nr. 1023.«

Der Offizier antwortete: »In Ordnung, Genosse, Sie überlassen mir dann bitte rechtzeitig das Original.«

»Natürlich – notieren Sie noch folgende Beschreibung des Inhalts: Routinemitteilung über aufgefangene Funkmeldung.«

»Danke, Genosse.«

Yessow ging absichtlich langsam in sein Büro zurück. Er hatte sich die ganze Zeit über ein Zeichen gewünscht, irgend etwas, das ihn in die eine oder andere Richtung drängen würde. Hier war es.

Er setzte sich an seinen Schreibtisch und las die Meldung noch einmal. Sie lautete:

»Meldung KGB 19771023 von Funküberwachung an dienstältesten Offizier Lubyanka Sekretariat Stop Funkverkehr heute von Kompanie – Bataillon 17 – Angriffsdivision Rostow erwähnt direkte Fühlungnahme Kommandeur mit 3. Armee, wiederhole 3. Armee Stop Berichtet Besuch von möglicherweise KGB-Offizier ungenannt Stop Erwähnt beträchtliche Beunruhigung 3. Armee Hauptquartier Stop Verlangen Beschreibung

KGB Stop Verbindungsaufnahme 3. Armee diesbezüglich mit 5. und 19. wiederhole 5. und 19. Armee Stop Keine Verbindung zu einer KGB-Einheit per Funk aufgenommen Stop Erbitten Überprüfung ob andere Verbindungen zu KGB Stop Wort Schneeball viermal gebraucht, möglicherweise Codewort nicht auf unserer internen Liste Stop Fortfahren Funküberwachung aber annehmen in Frage stehende Personen übergehen zu Telefon oder Multi-Relais-Funk Stop Erbitten Weisung Kommandeur Funküberwachung Moskau Territorial Streitkräfte Gutschov. Meldung Ende.«

Also hatte der junge Leutnant doch Angst bekommen, und zwar so sehr, daß er eine strenge Bestrafung seiner Indiskretion riskierte. Aus irgendeinem Grunde hatte er sich direkt an die nächsthöhere Ebene gewandt und sein Bataillonshauptquartier mit dem der Division und des Armeekorps kurzgeschlossen. Kein Zweifel mehr, daß die Rote Armee heimlich die Operation Schneeball übernommen hatte und daraus ein militärisches Unternehmem machen wollte. Und wenn sie den KGB ausgeschlossen hatten, hieß das, daß auch die Partei ausgeschlossen war, und das wiederum bedeutete einen großen Knall, wenn der Oberste Sowjet informiert werden würde. Schließlich ginge wohl die Rote Armee als Sieger hervor, aber das ganze Kontrollsystem wäre zerstört und ein Wiederaufbau würde Jahrzehnte brauchen. Alles hing davon ab, wie sich die Operation Schneeball in den letzten Phasen entwickelte. Wenn er seine Entdeckung einer der beiden Seiten mitteilte, würde ihm wahrscheinlich der Leninorden verliehen werden – posthum.

Er faltete die Meldung zusammen und steckte sie in seine Innentasche, dann öffnete er den kleinen Wandsafe, nahm seinen Paß heraus, dazu den besonderen KGB-Paß für Übersee und einen Block mit Reisegenehmigungen, die er nacheinander mit dem Dienststempel versah. Dann läutete er und sagte der Ordonnanz, er möge Suchow herschicken. Als Suchow klopfte und eintrat, teilte ihm Yessow mit, daß er 10 000 Dollar in bar brauchte. Zehn Minuten später hatte er das Geld in zwei Umschlägen. Er unterschrieb den Empfangsschein, und als Suchow das Zimmer wieder verlassen hatte, schrieb er auf zwei Blatt Papier nur das Datum und die Worte »Operation Schneeball«. Er faltete sie zusammen und adressierte einen an »Oberst Gouzenko Verbindungsoffizier Rote Armee – KGB« und den anderen an »Oberst Levin, Verbindungsoffizier GRU – KGB«. Beide Umschläge legte er in die oberste rechte Schublade seines Schreibtisches.

Der riesige TU-104-Jet hatte sechzig bequeme Armsessel, braune und goldene Tapeten, Spitzenvorhänge, Porzellanfigurinen unter Glasstürzen und schwere Mahagonitische. Yessow wurde als VIP behandelt, und die Zeit verging wie im Flug – buchstäblich –, ehe sie auf der Hauptrollbahn in Gatow landeten. Es war früh am Abend, aber in dem Flughafengebäude herrschte reger Betrieb. Yessow kaufte einen Rasierapparat, einige Toilettensachen und ein paar Taschenbücher. Zwei Männer beobachteten ihn von einer Galerie aus, ein Stockwerk höher, und als er durch einen der Hauptausgänge ging, nickten sie einem Mann in der Nähe des Zeitungskiosks zu. Um ein Taxi zu bekommen, mußte man Schlange stehen, aber Yessow hatte es nicht eilig. Zehn Minuten später ging er zu dem letzten Taxi, und, schon mit einer Hand am Türgriff, nickte er dem Fahrer zu und sagte: »Vier Jahreszeiten, bitte.« Der Mann nickte und Yessow öffnete die Tür.

Erst in diesem Augenblick sah er den Mann mit der Waffe. Der klopfte auf den Sitz neben sich und sagte lächelnd: »Kommen Sie herein, mein Lieber, setzen Sie sich.« Yessow wollte zurückspringen, aber auch hinter ihm standen zwei Männer. Der Mann im Taxi lächelte noch, aber die Mündung der Waffe schwankte nicht. Widerstrebend setzte sich Yessow, der Mann sagte etwas auf Deutsch zu dem Fahrer, und sie fuhren los.

Der Mann schob die Waffe in seine Manteltasche und wandte sich Yessow zu. Seine Augen waren fast gelb, und zusammen mit der geraden Nase erinnerte er Yessow an einen Geier, den er im Moskauer Zoo gesehen hatte. In holprigem Deutsch sagte Yessow: »Wer sind Sie, und was zum Teufel haben Sie vor?« Der Mann sah ihn nachdenklich an und schwieg. Schließlich fuhren sie durch ein gußeisernes Tor, das der Chauffeur geöffnet hatte, und hielten vor einem großen, altmodischen Haus. Der Mann stieg aus und hatte die Waffe wieder in der Hand. Dieses Mal sprach er russisch: »Steigen Sie aus, Yessow, und gehen Sie langsam zu der grünen Tür.«

Drinnen war das Haus ordentlich und sauber. Im Hintergrund hörte man Stimmen und das Geklapper von Tellern. Die Waffe wies ihn die breite Treppe hinauf, und schließlich kamen sie in einen Raum, dessen eine Wand mit Büchern bedeckt war. Außerdem waren da vier Sessel und gewöhnliche schwedische Büromöbel. Der Mann übergab die Waffe dem Chauffeur und ging hinaus, und der Fahrer bedeutete Yessow, sich zu setzen.

Der Mann war ins Erdgeschoß gegangen und hatte sich in einen kleinen Raum eingeschlossen. Auf dem Boden waren rote Fliesen, und er kniete sich hin und fuhr mit einer dünnen Klinge zwischen zwei Fliesen unter einem Mahagonitisch. Mit einer ruckartigen Bewegung des Messers hob er vier Fliesen heraus und entnahm dem Hohlraum ein Funkgerät in einem Metallgehäuse und machte es betriebsbereit. Nach einigen Bemühungen flackerte ein rotes Lämpchen auf, und der Mann begann zu sprechen.

»Ihr Verwürfler zeigt nicht an, wiederhole zeigt nicht an«, und als er sprach, leuchtete ein zweites rotes Licht auf. »Hier Kontrolle, hier Kontrolle, wie ist die augenblickliche Lage?«

»Wie befohlen haben wir ihn auf dem Flughafen abgefangen.«

»Haben Sie schon mit dem Verhör begonnen?«

»Nein, wir sind eben erst eingetroffen, aber ich sehe da keine Schwierigkeiten.«

»Warum nicht?«

»Ich weiß nicht, vermutlich Instinkt. Ist Anders informiert worden?«

»Ja, er ist hier. Möchten Sie ihn sprechen?«

Anders schaltete sich ein. »Wie geht es, Ed?«

»Gut, Tad. Wir haben den KGB-Mann, und wir erwarten die Einzelheiten dieses Schneeball-Jobs in der nächsten halben Stunde. Was möchtest du wissen, irgend etwas Besonderes?«

»Alles, Ed, alles, was du herauskriegen kannst. Schildere nur noch einmal kurz, wie ihr auf den Jungen gekommen seid. Man hat mir mitgeteilt, was du ihnen vorhin gesagt hast, aber ich würde es gerne noch einmal von dir hören.«

»Am späten Nachmittag wurde ich gewarnt, kam wohl aus zweiter oder dritter Hand. Das Mädchen wußte nicht viel, aber sie sagte uns den Namen Yessow und daß er KGB sei und gab uns die Flugnummer und sagte: ›Teilt Yessow mit, daß der Schneeball schmilzt.‹ Das war's. Mehr wollte sie nicht sagen, und ich glaube auch nicht, daß sie mehr wußte.«

»Hast du eine Ahnung, in wessen Auftrag sie mit dir Fühlung aufnahm?«

»Das könnte KGB oder GRU sein. Sie ist eine Hure von der besseren Sorte, die in der Nähe des KGB-Gästehauses in der Leinestraße herumlungert. Als sie mich verließ, ging ihr jemand nach, und obgleich sie sich zuerst noch hier ein bißchen herumtrieb, begab sie sich dann zum Hauptquartier der Roten Armee in Pankow und berichtete einem Oberst Gouzenko. Wahrscheinlich kannst du bei dir besser feststellen, wer das ist. Wir haben ihn nicht in unseren Akten, aber West-Berlin könnte etwas wissen.«

»Was glaubst du, worum es geht?«

»Nun, ich denke, daß dieser Schneeballjazz für euch von Bedeutung ist.«

»Stimmt. Es ist eine KGB-Operation. Streng geheim und ganz heiß.«

»Es könnte ja sein, daß die Armee oder der GRU die Operation verhindern will oder auch nur Yessow ausschalten.«

»Erinnerst du dich an den Mann mit dem Codenamen Butler?«

»Klar, der KGB-Typ, der Burgess und MacLean beim Überlaufen behilflich war.«

»Das ist er. Er war nicht behilflich, er tat es. Das ist Yessow.«

»Soll ich mich darauf konzentrieren?«

»Nein, Ed, das ist nur der Hintergrund. Es kommt auf die Operation Schneeball an. Mich interessiert alles, was du herauskriegen kannst, besonders der Zeitplan. Wenn du es für nötig hältst, komme ich auch herüber, aber ich habe hier ganz schön zu tun. Ich schlage vor, du verhörst ihn jetzt nicht länger als zwei Stunden, und dann berichtest du stündlich.«

»O. K., Tad. Verstanden. Fertig.«

»Verstanden.«

Oben im Zimmer nickte der Mann dem Fahrer zu und streckte seine Hand nach der Waffe aus. Der Fahrer ging und schloß leise die Tür hinter sich. Der Mann blickte zu Yessow hinüber. Er erinnerte ihn an irgend jemand, wußte aber nicht an wen. Er hatte ein schmales, gutgeschnittenes Gesicht, man registrierte scharfen Verstand und wache Augen, denen nichts entging.

»Nun, Genosse Yessow, ist Ihnen die Sache klargeworden?«

Yessow lehnte sich zurück und zuckte nervös mit einer Schulter, als er lächelte. »Ich glaube, ja. Sie sind offensichtlich SIS. Wenn ich mich richtig an die Akten erinnere, müssen Sie Ed Farrow sein. Sie kamen im letzten Dezember hierher. Wenn ich das sagen darf, sehen Sie jünger aus als Sie sind – wie es jedenfalls in Ihren Akten angegeben ist.«

Farrow rollte einen Bleistift auf der Armlehne des Stuhls entlang. Ohne aufzublicken sagte er ruhig: »Wie sollen wir vorgehen, Ihrer Meinung nach, Yessow?« und dabei sah er dann doch auf und beobachtete das Gesicht seines Gegenübers. Yessow spitzte den Mund und sagte: »Wie meinen Sie das?«

Ohne Zögern antwortete Farrow: »Ich meine, wollen Sie die rauhe Methode, oder wollen wir uns unterhalten?«

Yessow zuckte die Schultern. »Von mir aus, unterhalten wir uns, Mr. Farrow, und ich möchte Ihnen zu Ihrem Russisch gratulieren.« Er zögerte einen Augenblick und fuhr dann fort: »Wenn ich mich recht erinnere, heirateten Sie ein sehr schönes georgisches Mädchen. Aber Ihr Akzent deutet auf Moskau.« Farrow drückte den Bleistift in das Sesselpolster. »Nein, ich habe sie nicht geheiratet, Yessow. Ihre Leute in Ost-Berlin brachten sie um, einen Monat bevor ich Urlaub bekam. Meine Mutter stammte aus Leningrad, aber die beiden KGB-Leute, die unsere Russischkenntnisse aufpolieren, kommen beide direkt aus Moskau.«

Farrow klopfte mit dem Bleistift an seine Vorderzähne. »Warum sind Sie hier, Yessow?«

»Also gut. Haben Sie schon von der Operation Schneeball gehört?«

Farrow nickte. Yessow sah bestürzt aus.

»Wann haben Sie zuerst davon gehört, Mr. Farrow?«

Farrow schloß halb die Augen. »Genosse, Sie erzählen, Sie sind dran.«

»Kann ich Ihnen vorher noch eine Frage stellen?«

Farrow richtete sich auf und nickte: »Natürlich.«

»Wer gab Ihnen den Tip in bezug auf mich?«

»Ihre eigenen Jungens.«

»Wer genau, KGB oder ...« Er sprach nicht weiter und biß sich auf die Unterlippe. »Mr. Farrow, ich glaube nicht, daß es unser Nachrichtendienst war. Ich denke, es handelt sich um einen Oberst Gouzenko.«

Farrow lachte vor sich hin und legte den Bleistift weg. »Nun lassen Sie uns anfangen, Yessow.« Und das taten sie.

Er wartete nicht erst zwei Stunden ab, sondern war schon nach zwanzig Minuten wieder an seinem kleinen Funkgerät. Anders war nicht anwesend, und so hinterließ Farrow eine Botschaft.

»Sagt Anders, Schneeball ist ganz real, die nachrichtendienstliche Operation ist eine Falle. Es ist eine militärische Operation, und alles ist zum Losschlagen bereit.«

Als Anders um 19 Uhr in das Studio Jason zurückkam, lag ein Stapel Papier auf seinem Schreibtisch. Berichte und aufge-

fangene Meldungen und ein Exemplar der letzten Ausgabe des
»Evening Standard«. Die Balkenüberschrift lautete: »Wessen
große Stunde«, und der Leitartikel wurde auf der dritten Seite
fortgesetzt, und auch in der letzten Spalte ging es noch um die
Amerikaner und Kanadier, und daß Dokumente vorgelegt werden würden, die bewiesen, wie sie ihre europäischen Verbündeten in der Stunde höchster Gefahr verrieten. Er schaltete das
Radio ein, und auch in den Nachrichten der BBC um 19 Uhr
war man immer noch bei dieser Angelegenheit. Offensichtlich
ging die Sache los. Er drehte ab und las die Berichte.

Nun waren achtzehn Russen bei den Franzosen in Temple,
sie hatten vier Autos und einen Landrover. In einer Garage in
Marlow standen drei weitere Wagen und noch einer in einem
Haus in Chiswick. Die Funküberwachung hatte eine Nachricht
an Rudenko über die polnische Botschaft abgefangen mit der
Anweisung, die Phasen zwei und drei der Operation Schneeball
zu beschleunigen.

Noch vor Farrows Meldung hatte Anders instinktiv geahnt,
daß die Operation beschleunigt wurde und daß sich dahinter
eine andere Unternehmung verbarg. Er hatte Farrows Bericht
um 21.20 Uhr bekommen, und schon um diese Zeit brachte die
BBC Sondermeldungen über Vorstände von Betriebsräten bei
Chrysler in Coventry, die Proteststreiks gegen die kapitalistische
Verschwörung empfahlen und besonders gegen die Machenschaften der USA in Großbritannien.

Anders begab sich zum House of Commons und zeigte dem
diensthabenden Feldwebel seinen Ausweis. Sir John war schon
im Foyer, und zusammen gingen sie in das Büro des Premiers.
Der Innenminister war bei ihm und übersah Anders und Sir
John. Der Premier las eine PA-Reuter-Meldung aus Berlin. Die
Russen beklagten sich, daß der britische Nachrichtendienst einen sowjetischen Beamten am hellichten Tage gekidnappt hätte. Der Premier sah nicht sehr gnädig aus, als er Sir John anblickte.

»Was bedeutet das alles, Sir John?«

»Unser Mann in Ost-Berlin bekam einen Tip von den Russen.
Es ging um einen Mann namens Yessow, ein höherer KGB-Zivilbeamter, der zuständig für die Operation Schneeball war. Ich
glaube, wir können diese Meldung vergessen, Sir. Wahrscheinlich haben sie sie als Routinetarnung ausgegeben, als eine Art
Versicherung, wenn irgend etwas schieflaufen sollte.«

»Was zum Beispiel, Sir John?«

»Als die Einzelheiten der Operation Schneeball herauskamen, erkannte Yessow, daß die Armee dahinterstand, und so ließen sie ihn einem unserer Männer in Berlin in die Hände laufen, um uns zu veranlassen, ihn zu benutzen und dann verschwinden zu lassen.«

Der Innenminister zuckte etwas übertrieben zusammen, und der Premier sagte zu Anders: »Dieser Rudenko: welche Befehle wird er ausführen, wenn der KGB und die Armee gegeneinander stehen?«

»Er wird die KGB-Befehle ausführen, Sir, aber wenn die Armee ihn ausschalten will, wird sie jemanden herschicken, der hoch genug im Rang steht, um ihn zu steuern.«

Es klopfte an die Tür, und der parlamentarische Staatssekretär des Premiers legte eine Nachricht auf den Schreibtisch. Als der Premier sie gelesen hatte, schob er sie Sir John zu. Sie lautete: »Chef der Londoner Polizei an Premier. Sprengstoffanschlag auf US-Botschaft am Grosvenor Square. Südeingang und Hauswand schwer beschädigt. Keine Opfer. Demonstranten haben sich versammelt, aber sind unter Kontrolle. Ende.«

Sir John reichte es Anders herüber, der es las, aber nicht erstaunt schien.

Der Premier sagte: »Sir John, sollten wir scharf durchgreifen oder abwarten, bis sich die Lage beruhigt?«

Sir John sah Anders fragend an. Anders zögerte und sagte dann: »Ich denke, wir sollten jetzt mit ihnen Schluß machen, aber ich schlage vor, die Sache als Teil meiner Operation zu belassen, und daß die Polizei nur dann eingreift, wenn es sich um öffentliche Ruhestörungen handelt.«

Der Premier stand auf. »Sir John, zwei Tage haben Sie noch freie Hand. Ich stimme Anders zu. Wenn er damit fertig wird, können wir uns eine Menge diplomatische Verwicklungen ersparen. Wenn Sie innerhalb von zwei Tagen nicht damit fertig werden, Anders, werde ich die Sache der Armee übergeben. Eigentlich ist es schon jetzt ihre Angelegenheit, aber wenn wir Soldaten einsetzen, werden im Unterhaus Anfragen gestellt werden, und im Augenblick würde ich das gerne vermeiden. Heute abend noch werde ich den Führer der Opposition unterrichten.«

Anders fuhr zum Grosvenor Square. Es waren noch kleine Gruppen von Demonstranten da und Grüppchen von Neugierigen, die durch die Lichter und Fernsehkameras angezogen worden waren. Er sah Commander Bryant mit einem Polizeiinspektor und ging zu ihnen hinüber. Als Bryant ihn erblickte, sagte er: »Hallo Anders, die Sache hier gehört wohl zu Ihrer Operation.« Anders nickte. »Haben Sie einige identifiziert?« Bryant lachte: »Ja, drei oder vier waren alte Bekannte. Zwei gehörten zu denen, die wir für Sie beobachtet haben, und Rudenko fuhr vor ungefähr zehn Minuten hier vorbei.« Er sah Anders fragend an: »Läuft ein bißchen aus dem Ruder, was?« Anders antwortete nicht, als er die Menge musterte. Dann sagte er: »Ich hätte gern, daß wir uns morgen früh um 6 Uhr bei mir treffen, wenn es Ihnen möglich ist, Bryant.« Bryant nickte. »Ich werde da sein, Anders.«

Die BBC-Nachrichten um Mitternacht brachten, daß in Birmingham spontane Versammlungen stattgefunden hatten und 10 000 Arbeiter von British Leyland einen zweitägigen Sympathiestreik mit den Arbeitern von Chrysler veranstalten würden. Die Produktion des nur für den Export bestimmten neuen Jaguar-Sportmodells würde ruhen. 19 Millionen Pfund würde der Verlust in Longbridge betragen. Der amerikanische Luftwaffenstützpunkt in East Anglia war von einem Mob aus dem Dorf gestürmt worden. Zwei Verhaftungen. Der Wagen des amerikanischen Botschafters sei angegriffen worden, als er ein von der anglo-amerikanischen Handelskammer veranstaltetes Abendessen im Hotel Dorchester verließ. Der Schaden war so beträchtlich, daß Seine Exzellenz den Wagen stehen lassen und unter Polizeischutz in das Hotel zurückkehren mußte. Studenten hatten gegen einen amerikanischen Professor demonstriert, der einen Vortrag vor einem Studentenclub hielt. Er mußte abbrechen. Anders stellte das Radio ab und ging in die Funk- und Operationsabteilung.

Als Rudenko die Anweisung erhielt, die Phasen Zwei und Drei zu verkürzen, hatte er um eine Bestätigung ersucht, die er eine halbe Stunde später erhielt. Loussier hatte die Geschichte und die Dokumente dem »Evening Standard« gegeben, wobei er keine Bezahlung verlangte und auch keine erhielt. Rudenkos Instruktionen lauteten, die Geschichte so schnell wie möglich in Druck zu bringen, selbst in etwas abgeschwächter Form. Rudenko brauchte nur diesen Vorwand, gewissermaßen den Haken, an dem er die Demonstrationen und die Sprengstoffanschläge aufhängen konnte.

Die harten Jungens hatte er alle in das Haus in Temple beordert. Die drei Sprengstoffleute waren in drei verschiedenen Häusern im Gebiet von Großlondon untergebracht. Die einzige Sache, die Rudenko beunruhigte, war, daß ihm ein neues Rufzeichen und eine neue Frequenz zugeteilt worden waren, und zwar innerhalb des Wellenbandes, das von der Roten Armee benutzt wurde, nicht vom KGB. Aber alles andere war pure Routine und verlief normal.

22

Anders hatte die ganze Nacht durchgearbeitet. Um 5.30 Uhr ging er aus dem Studio in den abschüssigen, kopfsteingepflasterten Hof. Die kalte Luft verschlug ihm den Atem, und der morgendliche Nebel legte sich feucht auf sein unrasiertes Gesicht. Anders wußte, daß Yessows Enthüllungen rege diplomatische Maßnahmen auf höchster Ebene zur Folge haben würden. Zu diesem Zeitpunkt würden schon alle NATO-Regierungen benachrichtigt sein und in ganz Europa Truppen Gewehr bei Fuß stehen, in der Annahme, daß es sich um ein überraschend angesetztes Manöver handelte.

Aus der Ferne hörte er die Schläge Big Bens. Er hatte noch eine Viertelstunde, um zu duschen und sich zu rasieren. Als seine Schritte auf dem Pflaster hallten, ließ er seinen Gedanken an das Mädchen freien Lauf. Wenn er Glück hatte, würde sie morgen nacht frei sein. Er schob diesen undisziplinierten Gedanken von sich, es war keine Frage des Glücks, seine Geschicklichkeit und seine präzise Planung würden sie retten.

Lächelnd betrat er den Raum und winkte dem halben Dutzend Männern zu, auf den gewöhnlichen Holzstühlen um den Kartentisch Platz zu nehmen.

Er blickte in die Runde und sagte: »Ich glaube, jeder kennt hier jeden mit der möglichen Ausnahme von Jake Salis. Jake ist unser Verbindungsmann zur CIA, sowohl hier in London wie direkt nach drüben. – Sie sehen hier eine Karte von Großbritannien, auf der die Standorte der kommunistischen Hintermänner mit Nadeln oder Fähnchen bezeichnet sind. Die rosa Nadeln bedeuten gelegentliche Mitarbeiter und die roten hauptamtliche. Blau heißt, zur Zeit für den KGB tätig und gelb für den GRU. Diejenigen, die über die Tätigkeit von GRU nicht Bescheid wissen, können sich in den ausliegenden Xerox-Kopien eines Berichtes informieren.

Diese Karte hier ist ein Ausschnitt des Gebietes Temple an der Themse, und links davon sind Fotos des ›Mill House‹ in Temple mit Grundrissen und Angaben über Belegung mit Personen, Waffen und Munition. Dieses Haus ist die Operationsbasis der Gegenseite. Die kleinen Fotos stellen die bekannten Personen dar, zu denen zwei Franzosen gehören, das große Foto ist von Rudenko, dem KGB-Mann, der auf ihrer Seite die Operation Schneeball leitet. Das Mädchen gehört zum SIS und ist von Paris überstellt. Sie infiltrierte die französische Gruppe, aber, wie Sie wissen, wurde sie von Rudenko aufgegriffen und mitgenommen.

Als diese Operation begann, hielten wir sie zuerst für ein kombiniertes Unternehmen zwischen sowohl anti-englischen wie anti-amerikanischen Franzosen und dem polnischen Sicherheitsdienst Z-11 zusammen mit dem KGB. Zunächst schien es darum zu gehen, in der NATO Mißstimmung gegen die USA und Kanada zu erregen, mit dem Ziel des Rückzuges der amerikanischen Truppen aus der NATO. Jetzt wissen wir, daß die Operation Schneeball ganz real gemeint ist. Von einem Überläufer haben wir die tatsächlichen Einsatzbefehle für eine Einheit der Roten Armee bekommen, die den kriegerischen Vormarsch auf Hannover bedeuten. Ähnliche Befehle sind an viele andere Truppenteile gegangen – vielleicht an alle –, das wissen wir in diesem Stadium noch nicht genau. Der KGB und sein Mann hier – Rudenko – kennen diese Phase Vier von Schneeball noch nicht, und wir wissen bis jetzt nicht, wie sie reagieren werden, wenn sie es erfahren. Unsere Anweisungen lauten, die Operation an diesem Punkt anzuhalten, und das bedeutet eine koordinierte Durchsuchung bei dreiundvierzig Männern und sieben Frauen. Dabei wird sich die Gelegenheit ergeben, auch mit den Kollaborateuren irgendwie abzurechnen, aber das ist alleinige Angelegenheit der Sonderabteilung.

Nun kommen wir zu Oberst Fellows, der dafür eine Spezialtruppe der Infanterie zur Verfügung stellt. Diese Männer sind bestens ausgerüstet, und das Mill House gleicht schon einer belagerten Festung. Oberst Fellows, Jake Salis von CIA, James Kent und Roger de Freitas vom Foreign Office, Commander Bryant von der Sonderabteilung, Blair Logan, Downing Street, Wing Commander Pallin, Verteidigungsministerium, Leutnant Sander von der Funkabteilung des Sicherheitsdienstes und Bill MacDonald vom SIS Paris und Frankreich, ohne Überseeprovinzen.

Ich werde Ihnen jetzt meine Planung vortragen, die aber durchaus kurz diskutiert werden kann. Commander Bryant wird sich der registrierten Kollaborateure und Aktivisten annehmen, die entweder als Residenten tätig oder als Diplomaten hier akkreditiert sind. Ich werde als Koordinator fungieren und mit Unterstützung von Oberst Fellows meine besondere Aufmerksamkeit den Russen zuwenden. James Kent und Roger de Freitas übernehmen die Verbindung mit den ausländischen Regierungen und werden uns über die Maßnahmen des Foreign Office unterrichten. Den Wing Commander möchte ich bitten, in Zusammenarbeit mit dem Foreign Office und M 16 den Stand der Dinge in Moskau im Auge zu behalten. Mr. Sander wird seine üblichen Aufgaben erfüllen, und Mac wird mir zur Seite stehen.

Auf den Tischen an der Wand finden Sie Kopien der Akten betreffend die uns bekannten Leute, die in diese Operation verwickelt sind. Wenn Sie keine besonderen Fragen zu diesem Stadium jetzt haben, würde ich vorschlagen, daß Sie sich an Hand des ausliegenden Materials einen Überblick verschaffen und«, er sah auf die Uhr, »daß wir uns hier Punkt zehn Uhr wieder treffen. In Ordnung? Noch Fragen?«

Jake Salis blickte in die Runde und lehnte sich zurück. Nach einigen Augenblicken sagte er: »Der Präsident hat sein ›Elektronengehirn‹ mit Höchstgeschwindigkeit auf diese Lage angesetzt, als wir über Ihren SIS-Mann in Ost-Berlin davon unterrichtet wurden. Nach ihrer augenblicklichen Lagebeurteilung hat die Rote Armee noch nicht unwiderruflich die Phase Vier der Operation Schneeball eingeleitet. Wenn Yessow in Moskau keine undichte Stelle hinterlassen hat und bei Ihrer Mannschaft in Ost-Berlin nichts durchsickert, so wenig wie bei uns hier, und wenn wir Rudenko und seine Jungens ausschalten können, ehe hier eine Situation geschaffen wird, die der Roten Armee so verführerisch erscheint, daß sie versucht ist einzugreifen, dann werden sie die Phase Vier nicht beginnen. Der springende Punkt ist herauszufinden, welches Ereignis so entscheidend wäre, daß es den Generalen wert wäre, dieses Ende von Phase Drei abzuwarten. Wir sind der Ansicht, daß sie vernünftigerweise auf ein allgemeines Chaos warten wollen, und zwar besonders in Großbritannien, und darauf, daß die Anti-Yankee-Proteste einen Höhepunkt erreichen.« Er zuckte die Schultern. »Wir wären sehr interessiert, andere Meinungen zu hören.«

Anders nickte. »Danke, Jake, das Büro des Premierministers ist für die Lagebeurteilung zuständig. Du kannst dich direkt mit ihnen in Verbindung setzen. Wenn sie dich hinhalten wollen, laß es mich wissen.«

Während Jake Salis sprach, war Anders klargeworden, daß in der amerikanischen Lagebeurteilung ein großes Loch war. Gouzenko hatte ja Yessow in die Falle gelockt, der KGB würde das herausfinden und sich auf den alten Tiger stürzen, wenn er nach Moskau zurückkam, und obgleich sie nicht wissen konnten, worum es im einzelnen ging und warum er Yessow in die Pfanne gehauen hatte, würden sie es schließlich doch herausbekommen, und dann wäre der Teufel los.

Das allgemeine Stühlerücken unterbrach Anders' Gedanken, aber nachdem er MacDonald ein Zimmer angewiesen hatte, ging er in die Funkabteilung und winkte Leutnant Sander zu sich. »Sandy, ich möchte mit Ed Farrow in Berlin sprechen. Wie lange wird das dauern?«

»Morse oder Sprechfunk?«

»Telefon.«

»Ich kann die Verbindung in ungefähr vier Minuten herstellen, aber sie ist nicht ganz sicher.«

»Wer kann mithören?«

»Jeder oder niemand. Ich glaube nicht, daß sie sich schon daran zu schaffen gemacht haben, aber wenn sie erst einmal daran herumbasteln, wird es ihnen keine großen Schwierigkeiten machen.«

»Dann wollen wir es probieren, Sandy.«

Zwei Minuten später lief das Gespräch. »Ed, du hast einen Oberst Gouzenko erwähnt, der Bursche, der deinen KGB-Freund hereingelegt hat. Wird er noch beobachtet?«

»Ja, Tad. Er ist übrigens der offizielle Verbindungsoffizier zwischen Roter Armee, KGB und GRU, und zwar schon lange bevor man sich den Schneeball ausgedacht hat.«

»Sehr gut, Ed. Ich möchte, daß Gouzenko durch die Mangel gedreht wird. Ist das klar?«

»Du meinst, nach allen Regeln der Kunst, Tad?«

»Ja, wenn es nötig ist und sobald wie möglich, mit nicht zu scharfen Ecken, wenn es geht. Und wenn er nicht ganz sauber herauskommt, darf die Sache nicht dem KGB in die Schuhe geschoben werden, dann lieber uns. Ist das klar?«

»Ja, sag West-Berlin Bescheid, sie möchten mir alle Unterlagen über Gouzenko geben, alles, was wir haben und was mir weiterhelfen kann.«
»Melde dich, wenn du fertig bist, Ed.«
»O. K., Tad, wie steht's bei euch drüben?«
»Unter Kontrolle. Gespräch Ende.«

Dann ging Anders zurück in sein Büro und hörte zum Schluß der BBC-Nachrichten die Meldungen in Schlagzeilen. Alle großen Zeitungen hatten die Geschichte aus dem »Evening Standard« auf den Titelseiten übernommen, nur der »Morning Star« erwähnte sie überhaupt nicht. Ein Foto zeigte Churchill vor einem BBC-Mikrofon mit der Überschrift »Wir werden an unseren Stränden kämpfen«. Der »Daily Express« hatte an diesem Tag eine Million Exemplare mehr abgesetzt, weil er mitten auf der Titelseite in Originalgröße das in Frage stehende Dokument brachte. In einem großen Kasten waren die Kommentare von Offiziellen und Sachverständigen aus aller Welt zusammengestellt. Daneben waren drei kurze Absätze im Druck besonders hervorgehoben. Auf persönliches Ersuchen des Premierministers hatte die Beaverbrook-Presse den Originalbrief und andere Dokumente dem Kabinett zur Verfügung gestellt. Ein Papierfachmann aus Bowaters hatte einigen Zweifel an der Echtheit des Papiers, auf dem der Brief getippt war, geäußert. Die USA-Botschaft hatte offiziell bestätigt, daß die Unterschrift des Präsidenten echt zu sein schien, aber alle waren sich einig, daß nur Untersuchungen in Gerichtslabors die Angelegenheit endgültig klären könnten.

Eine Million Arbeiter sollten heute über einen Proteststreik abstimmen. Die Musikergewerkschaft hatte scharf dagegen protestiert, daß eine amerikanische Sopranistin die Rolle der Madame Butterfly in der nächsten Opernsaison singen sollte. In Birmingham hatte es am Bahnhof Bombenalarm gegeben, und der sowjetische Botschafter war am frühen Morgen ins Foreign Office bestellt worden. Der amerikanische Botschafter hatte jeden Kommentar abgelehnt, und sowohl das Pentagon wie das Weiße Haus hatten erklärt, daß sie noch nicht Gelegenheit gehabt hätten, die Geschichte zu lesen, und daher keine Meinung äußern könnten. Die Zeitungsverleger stellten einen ungewöhnlich hohen Eingang von Leserbriefen fest, und einige hatten schon herausgefunden, daß die Briefe besonders aus fünf oder sechs bestimmten Gebieten kamen. Die Fernsehgrößen, die gerade aus Amerika und Europa auf Besuch in England waren, hätten leider noch keine Zeit gehabt, die Geschichte zu lesen, aber sie beteuerten ihre Liebe zu England, den weißen Klippen von Dover und den Londoner Bobbys.

23

Innerhalb einer Stunde erhielt Farrow Fotokopien der Gouzenko-Akte. Es waren nur zwei Bogen im Querformat. Darauf waren seine Beförderungen verzeichnet und einige Posten, die er während seiner langen Laufbahn in der Roten Armee innegehabt hatte. Er war verheiratet gewesen und hatte zwei Söhne gehabt. Seine Frau und beide Söhne waren von den Deutschen umgebracht worden. Er war zu seiner Zeit ein sehr vielseitiger Sportler gewesen und jetzt Präsident der Boxvereinigung der Roten Armee. Geboren im Oktober 1909 in Kasachstan, lebte bescheiden in der Kremlgarnison, wenn er sich in Moskau aufhielt. Viele Freunde, alle aus der Roten Armee, trank viel, war aber nie betrunken, möglicherweise homosexuell. Reiste selten außerhalb der Sowjetunion, und dann nur dienstlich.

Farrow las auch den Bericht über Gouzenkos Bewegungen in den letzten vierundzwanzig Stunden. Er hatte den Morgen in der Garnison der Militärpolizei verbracht, wo er offensichtlich sein Hauptquartier in Ost-Berlin eingerichtet hatte. Nach dem Mittagessen war er in einer offiziellen Armee-Limousine mit seinem Gepäck ungefähr vier Kilometer außerhalb in ein typisches Vorstadthaus gebracht worden, das von der Roten Armee für Besuche aus Moskau und Ostblockstaaten übernommen worden war. Gewöhnlich hielt ein Soldat Wache, aber offensichtlich mehr Routine und Höflichkeit als eine Schutzmaßnahme. Farrow beschloß, sich noch mehr Hintergrundmaterial über Gouzenko zu beschaffen, ehe er ihn aus dem Haus herausholte. Anders hatte es offensichtlich eilig, aber die Information, die er herausbekommen sollte, war entscheidend und nur von Nutzen, wenn sie genau stimmte. Aus den Befragungen würde sich ergeben, wie Gouzenko und Yessow die Lage einschätzten, wenn ihre jeweiligen Herren entdeckten, daß sie verschiedene Ziele im Auge hatten und daß diese Tatsache ihren Feinden im Westen bekannt war. Yessow hatte sich gesprächig gezeigt, als er gemerkt hatte, daß ihn Gouzenko absichtlich und ohne Skrupel verraten hatte.

Während des nächsten Gesprächs mit Yessow kam dieser sehr schnell auf den entscheidenden Punkt. »Es ist nicht nötig, Mr. Farrow, darum herum zu reden, früher oder später werden Sie mich sowieso über den Genossen Gouzenko befragen.«

Farrow lehnte sich zurück und lächelte: »Wissen Sie denn Bescheid über ihn, Yessow?«

»Niemand weiß Bescheid über ihn.« Er lachte kurz auf. »Wahrscheinlich, weil es nicht viel zu wissen gibt.«

»In unseren Berichten wird angedeutet, daß er homosexuell sein könnte.«

Yessow schüttelte den Kopf. »Nein, das bestimmt nicht.« Er grinste. »Tatsache ist, daß er für sein Alter ziemlich scharf rangeht.«

»Woher wissen Sie das?«

»In allen Machtbereichen Sowjetrußlands und besonders in der Armee trägt man der Tatsache Rechnung, daß auch ältere Leute sexuelle Bedürfnisse haben, und allen Beteiligten, besonders der Armee ist lieber, ihre Leute können diese befriedigen, ohne sich wie Idioten mit jungen Mädchen aufzuspielen. Also gibt es dafür eine Vermittlungsstelle.«

»Und Gouzenko bedient sich ihrer?«

»Ja, ich möchte nicht übertreiben, aber er war sozusagen ein Stammgast.«

»Und wenn ihm der Sinn nach jungen Männern stand?«

Yessow zog die Brauen hoch. »Wenn er sie wollte, konnte er sie haben.«

»Wie steht's mit Geld? Hatte er Kapital?«

»Er wird sicher einen ganz schönen Betrag beiseite gebracht haben. Er ist wohlhabend, nicht reich. Er verbraucht sehr wenig.« Dann sagte Yessow fast schüchtern: »Ich nehme an, Sie suchen nach einem schwachen Punkt, um ihn zu erpressen. Es ist bestimmt nicht Geld, auch nicht Frauen, Familie hat er nicht, damit wird das Feld ziemlich eingeengt.«

Farrow stand auf und blickte durch das Fenster in den Garten. Die Sonne war weg, es wurde dämmerig, eine Drossel sang. Farrow sagte, ohne sich umzudrehen: »Und wie steht es mit Ihnen, Yessow? Was muß ich einsetzen, um Ihre Mitarbeit zu gewinnen?« Yessow legte den Kopf zur Seite und blickte in sein Weinglas. »Mr. Farrow, ich glaube, wir haben alle die gleichen Schwächen. Geld, hübsche Mädchen, Macht, dafür sind wir schwach. Wir nehmen es, das Geld und die Mädchen, weil wir die Macht schon haben. Aber in Wirklichkeit hatten Sie doch wohl keine Zweifel, Mr. Farrow? Ich werde kooperieren, weil die Wendung, die die Operation Schneeball genommen hat, zu einer Katastrophe führen wird. Die Rote Armee, die Partei und der KGB werden einander bekämpfen, und das würde eine Katastrophe bedeuten, beinahe genau so schlimm, als wenn die Rote Armee in NATO-Länder einmarschiert. Also, was wollen Sie?«

»Ich möchte von Gouzenko erfahren, was die Rote Armee tun wird, wenn herauskommt, daß alle NATO-Regierungen die Phase Vier kennen und bereitstehen. Müssen wir diese Information der Partei zukommen lassen, damit die Angelegenheit zwischen ihnen ausgefochten wird?«

Yessow schlug die Beine übereinander und zündete sich eine Zigarette an. »Das wäre das Ende, Kamerad.« Und er blickte Farrow mit kalten, harten Augen an. »Machen Sie sich nicht vor, daß Sie als Zuschauer bei dem Blutvergießen danebenstehen könnten, Sie würden hineingezogen werden. Wer immer auf russischer Seite den Sieg davonträgt, würde sich gegen die NATO wenden und sie vernichten müssen, es sei denn, Peking mischte sich ein, und das wäre unser aller Ende. Wer wären dann die Barbaren? Nein, Sie haben keine Wahl, genauso wenig wie Genosse Gouzenko. Er muß die Rote Armee dazu bringen, den Plan aufzugeben.« Und er hob den Zeigefinger: »Und es muß ein freiwilliges Aufgeben sein, kein demütigendes, sonst können wir uns schon in Ihrem Garten unser Grab schaufeln.«

»Wie sollen wir das anstellen?«

Yessow schüttelte den Kopf und spitzte die Lippen. »Weiß Gott, Kamerad Farrow, das muß ich Ihnen überlassen. Sie wissen ja, was Sie für Karten in der Hand haben, ich nicht.«

Und das stimmte, und Farrow wußte auch, daß nur noch wenig Zeit blieb. Sie mußten Gouzenko ausheben, und zwar schnell.

Oberst Gouzenko wurde unruhig, als der Schein einer Taschenlampe seine Augen traf. Farrow mußte ihn schütteln, daß er überhaupt wach wurde. Und dann setzte sich der alte Krieger im Bett auf, blinzelte in das Licht und sagte gereizt: »Machen Sie, daß Sie herauskommen, Soldat, und tun Sie draußen Ihre Pflicht.«

»Ziehen Sie sich an, Genosse Gouzenko.« Erst jetzt merkte Gouzenko, daß irgend etwas nicht stimmte. Er hob die Hand an die Augen: »Wer zum Teufel sind Sie? Das kann verdammte Unannehmlichkeiten geben, wenn ich ...« Dann sah er die Luger. Er schwang die Beine aus dem Bett und stand auf. Farrow hielt sich noch im Dunkeln, leuchtete aber Gouzenko, damit dieser in seine Kleidung fand und sich anziehen konnte.

Dann sagte er leise: »Oberst, wir gehen hinaus, durch den Garten zu einem Wagen. Es besteht keine Veranlassung, Sie hart anzufassen, wenn Sie keinen Fluchtversuch machen oder Alarm schlagen. Beides hätte keinen Erfolg, würde aber bedeuten, daß wir Sie betäuben müßten. Ist das klar?«

Der alte Knabe fuhr sich mit der Hand über den Mund. »Sie machen hier einen ganz gewaltigen Fehler, und daraus werden Ihnen ernste Folgen entstehen, mein Junge, wer auch immer Sie sein mögen.«

Gouzenko sah nicht gerade gut aus, als er Farrow in dessen Büro gegenübersaß. Farrow schickte die Wache hinaus und schenkte zwei harte Whiskys ein, schob ein Glas dem Oberst zu, der zunächst daran roch und dann den Inhalt herunterkippte. Farrow wartete, bis er wieder Farbe bekam.

»Oberst, wir haben viel zu besprechen. Sollen wir anfangen?« Die vorstehenden Augen waren blutunterlaufen und feucht, aber um den Mund lag ein kampfbereiter Zug. »Wer sind Sie, junger Mann? So wie Sie sprechen, könnte ich noch nicht einmal sicher sagen, ob Sie Russe sind. Sie haben irgendeinen Akzent.« Farrow lächelte: »Genosse, nichts macht mir so viel Spaß, als wenn ein anständiger Kriegsmann aus dem autonomen Staat von Kasachstan von anderen Leuten behauptet, sie seien keine Russen.«

Der alte Knabe lachte, legte den Kopf auf die Seite und musterte Farrow mit einem ziemlich durchtriebenen Blick. Er nickte: »Also Sie wissen, wo ich geboren bin, Genosse.«

»Oberst, ich bin Offizier des britischen Nachrichtendienstes, und ich muß Ihnen mitteilen, daß wir über die Operation Schneeball informiert sind.«

Gouzenkos kluge kleine Augen waren sehr aufmerksam auf Farrow gerichtet, der fortfuhr: »Und über Phase Vier wissen wir auch Bescheid.« Gouzenkos Kopf fuhr hoch und er sagte: »Das muß Yessow gewesen sein, dieser Hund von Yessow ...«, dabei runzelte er die Stirn: »Er muß es also gewußt haben, schon als er nach Berlin kam?«

Farrow nickte: »Ja, er wußte es.«

»Dann hat er also die Partei oder den KGB nicht informiert?«

»Sobald er den Verdacht hatte, kam er hierher, um Sie zu sprechen, aber noch ehe er Gelegenheit dazu hatte, haben Sie gewisse Leute informiert, die mich informierten, und er wurde aufgegriffen.«

»Wieviel weiß Yessow?«

»Von der Phase Vier?«

»Ja.«

»Genug, Oberst, genug.«

Er bedeckte sein Gesicht mit beiden Händen und wiegte seinen Oberkörper langsam vor und zurück. Farrow sagte ruhig: »Genosse Oberst, ich glaube, wir sollten uns unterhalten.«

Gouzenkos Gesicht wirkte erschöpft und hager. Seine Hand zitterte, als er nach dem Glas griff. Farrow schenkte noch einmal ein und sagte: »Wollen Sie, daß die Sache zwischen ihnen mit Waffengewalt ausgetragen wird?«

»Wer kämpft, mit welchen Waffen?«

»Wollen Sie, daß der KGB und die Partei sich als Schutzmaßnahme gegen die Rote Armee wenden?«

Der alte Mann seufzte. »Natürlich nicht. Vierundzwanzig Stunden später hätten wir die Chinesen auf dem Hals.« Er sah Farrow an: »Sie wollen den KGB benachrichtigen oder Yessow zurückschicken?«

»Würde man Yessow Glauben schenken?«

»O ja, sie würden ihm glauben. Sie würden gar nicht mehr auf Glauben angewiesen sein, denn so kurz vor dem Losschlagen ist nicht mehr viel zu verbergen, wenn die andere Seite Verdacht geschöpft hat. Hat er es wirklich für sich behalten?« Farrow überging die Frage. »Warum, glauben Sie, ist er nach Ost-Berlin gekommen?«

Gouzenko zuckte die Schultern und ließ seine Hände auf die Knie sinken.

»Um den Westen zu informieren, Ihre Leute, unsere Feinde.«

»Tatsache ist, daß er herkam, um mit Ihnen zu sprechen, um dadurch diese Massenvernichtung zu verhindern.«

Gouzenko schien wie erschlagen, als ihm plötzlich die Lage klar wurde, und schließlich sagte Farrow: »Oberst, welche Ereignisse im Verlauf der Phase Drei machen den Beginn der Phase Vier unvermeidlich?«

»Was beabsichtigen Sie? Warum sollte ich Ihnen das sagen? Sie wollen die Lage nur verschärfen.«

»Oberst Gouzenko, wenn Sie in Ruhe über alles dies nachdenken werden, wird Ihnen klar sein, daß wir nicht mit Ihnen sprechen würden, wenn wir die Lage verschärfen wollten. Ein Telefonanruf an Ihren Botschafter in London oder direkt nach Moskau würde genügen. Also informieren Sie mich über Phase Drei von Schneeball.«

»Die Phase Vier wird erst nach einigen Tagen des Aufruhrs in den NATO-Ländern wegen der geplanten Übereinkunft Amerikas mit Hitler beginnen.«

»Wie viele Tage haben Sie dafür angesetzt?«

»Mindestens fünf bis sechs, höchstens zehn.«

»Wer soll entscheiden, daß die Lage soweit herangereift ist?«

»Rudenko sollte den Botschafter in London informieren, wenn seiner Ansicht nach Phase Drei weit genug vorgeschritten ist, danach läge die Entscheidung beim Marschall.«

Farrow hakte schnell nach: »Welcher Marschall?«

Gouzenko zögerte und sagte dann: »Offensichtlich sind Sie darüber nicht unterrichtet.«

Farrows Stimme wurde hart: »Und wenn schon, Sie Narr – also sagen Sie mir schon – welcher Marschall?«

»Rokossovski.«

Farrow ging ans Fenster und blickte hinaus. Der Morgen dämmerte herauf, der Mond war fast untergegangen. Ein leichter Wind kam auf, und hinter einigen Fenstern gingen schon die Lichter an. Die braven Bürger der DDR begannen sich für eines neuen Tages Arbeit fertig zu machen. Dann funkte es bei Farrow. Er fuhr herum: »Genosse Oberst, ich möchte den Marschall informiert haben, daß Phase Vier aufgedeckt worden ist, und zwar zufällig durch einen höheren Funktionär des KGB. Sagen Sie ihm, daß im Westen nur ein halbes Dutzend Männer Bescheid wissen, nicht mehr. Sie haben kein Interesse daran und sehen keinen Vorteil für irgend jemand, wenn die Lage sich zuspitzt. Bis heute mittag, Greenwich-Zeit, möchten wir eine Zusicherung haben, daß alle Einheiten der Roten Armee, außer denen an der Ostgrenze, zurückgezogen sind. Wir verlangen, daß der Marschall persönlich eine Nummer anruft, die ich Ihnen geben werde, und persönlich versichert, daß diese Forderung ausgeführt wurde. Stimmen Sie dem zu?«

»Natürlich.«

»Sie werden den Marschall auch davon informieren, daß alle strategischen Einheiten von uns abgehört werden, daß wir zusichern, keine Information an die Moskauer Behörden weiterzugeben.« Gouzenko nickte und fröstelte.

Als Gouzenko mit Marschall Rokossovski sprach, stellte sich heraus, daß Rokossovski schon über eine mögliche undichte Stelle bei einem unbekannten KGB-Mann beunruhigt war. Nach dem Ultimatum fragte Rokossovski Gouzenko nach seiner Meinung und Lagebeurteilung. Der Oberst gab sich kurz und bündig. Danach war eine Minute Schweigen, so daß man bei der Funküberwachung schon an einen Zusammenbruch der Verbindung glaubte, dann hatte der Marschall mit fester und deutlicher Stimme gesagt, daß er den Bedingungen zustimme mit gewissen Einschränkungen, die er nur mit der angegebenen Person unter der Sondernummer besprechen würde.

Er war sofort mit Anders in Pimplico verbunden worden. Anders sprach zunächst polnisch und nicht russisch. Der Marschall schien leicht belustigt zu sein. Dann stellte er seine Bedingungen. Erstens müsse akzeptiert werden, daß er keine Möglichkeiten hatte, Phase Drei von Schneeball abzubrechen, da es sich um eine Operation des KGB und des Präsidiums handele und nichts mit dem Verteidigungsministerium zu tun habe. Wurde akzeptiert. Zweitens, daß Gouzenko freigelassen werden sollte, als eine Höflichkeitsgeste, die den Generalen die Sache erleichtern würde. Wurde akzeptiert. Die dritte Bedingung lautete, daß Yessow jetzt eine akute Belastung für beide Seiten darstellte und es auch immer bleiben würde. Er sollte unter Umständen ausgeschaltet werden, die weder die Partei noch die Rote Armee in Mißkredit brächten. Der KGB wurde nicht erwähnt. Auch dieser Punkt wurde akzeptiert.

Schließlich wurde Anders gefragt, ob irgendeine Phase oder Abschnitt der Operation Schneeball an Peking weitergegeben worden sei, was Anders verneinte, aber zugleich mitteilte, aus aufgefangenen Funkmeldungen gehe hervor, daß die Chinesische Armee von der kurz bevorstehenden Verlegung von fünfundzwanzig Sowjetdivisionen in Warschauer-Pakt-Staaten unterrichtet war. Mit einigen Höflichkeitsfloskeln wurde das Gespräch beendet. Wenige Augenblicke war noch ein Zischen der Trägerwelle zu hören, dann Stille.

Sir John Walker stand nach dem Funkgespräch auf und sagte ruhig zu Anders: »Also, das wär's. Ich werde den Premier sofort informieren. Was Rudenko angeht, möchte ich, daß Sie alles, was möglich ist, aus dieser Situation herausholen. Spannen Sie das Netz so weit Sie wollen, und was die Russen und Polen angeht, so robust Sie wollen. Sie haben es so gewollt, nun sollen sie es haben!«

Für den KGB in Moskau gewann die Operation die vorgesehene Stoßkraft.

24

In den BBC-Nachrichten kam, daß gegen Mittag eine zweistündige Kabinettssitzung stattgefunden hätte. Bei Demonstrationen in London, Birmingham, Coventry und Liverpool waren fünfunddreißig Festnahmen erfolgt. Drei Polizisten mußten ins Krankenhaus. Bombendrohungen hatte es in den Geschäftsstellen von PanAm in Piccadilly gegeben, und ein Reporterteam der »Daily Mail«, das den einströmenden »Leserbriefen« nachgegangen war, hatte herausgefunden, daß in vielen Fällen falsche Namen und Adressen angegeben worden waren.

Überall im Land begannen Leute jetzt das Geld, das sie viele Jahre hindurch bekommen hatten, zu verdienen, indem sie die erhaltenen Anweisungen durchführten.

Der sowjetische Botschafter in London beklagte sich bitter beim Foreign Office, daß in dem Gebäude der sowjetischen Handelsmission in Highgate eine polizeiliche Razzia stattgefunden hatte. Eine Entschuldigung des Innenministers wurde vom Foreign Office weitergeleitet.

Anders überflog schnell die aufgefangenen Funkmeldungen und stellte fest, daß Rudenko jetzt das Mill House in Temple als Hauptquartier benutzte und von dort aus in Funkverbindung mit Moskau, Birmingham, Paris und Cardiff trat. In Brüssel und Stockholm hatte man Sympathieproteste angeregt. Eine Funkmeldung aus Moskau wies Rudenko an, an »allen Fronten, sowohl materiellen wie psychologischen« auf größtmögliche Wirkung auszugehen und nur noch zwei Tage für Phase Drei in Rechnung zu stellen.

In Moskau benachrichtigte Rokossovski zweihundert Offiziere im Range von Obersten und darüber. Der KGB hatte Yessows Schreibtisch durchsucht und die beiden Umschläge mit Inhalt gefunden. Man sah in ihnen einen Beweis für geistige Überanstrengung. Nach Durchsuchung der Datscha ergab der Labortest Spuren sexueller Betätigung. Dann fand man Yessows Wagen am Flughafen, und eine großangelegte Suchaktion endete in Berlin am Flughafen, was dem KGB nicht gefiel. Die Erleichterung war allgemein und grenzte schon fast an Schadenfreude, als Yessows Leiche in der Nähe eines Bordells in einem besseren Viertel von Ost-Berlin gefunden wurde. Aber das war erst gegen Mitternacht, und in der Zwischenzeit war es zu Spannungen mit der Regierung der DDR gekommen.

Gouzenko war von Farrow am Flugplatz freigelassen, aber so lange bewacht worden, bis er in einer Maschine nach Moskau saß.

25

Um 22 Uhr hatte Anders die letzten Befehle herausgegeben und gebeten, um drei Uhr morgens geweckt zu werden. Nach einem letzten Blick in die Runde, als ob sein Zimmer nie mehr das gleiche sein würde, legte er sich ins Bett. Anders betete nicht, hatte es nie getan, weil er Beten für die Rückversicherung eines Feiglings hielt, aber als er jetzt die Augen schloß, sagte er: »Bitte, laß es ihr gutgehen.« Dann schlief er ein.

Der Konvoi von sechs Fahrzeugen nahm seinen Weg über die Embankment zur King's Road Richtung Fulham. Bei der Chiswick-Überführung stieß ein Polizeikrad zu ihnen.

Die Lichter des Londoner Flughafens leuchteten blaß aus der Dämmerung, etwas weiter konnte man südlich der M 4 die Umrisse von Schloß Windsor erkennen. Beim Kreisverkehr in Marlow war die Straßensperre schon errichtet und mit Soldaten besetzt. Kurz danach erkannte man den Wegweiser nach Temple.

Weiter oben war die Kettenbrücke bei Marlow und die Straße nach Cookham abgesperrt. Auf dem Hügel gegenüber dem Mill House war an der Umgehungsstraße ebenfalls eine Straßensperre errichtet, aber unter tiefhängenden Zweigen verborgen. Die Farm von Temple war mit zwanzig Soldaten besetzt, die jedoch unsichtbar waren. Auf dem anderen Flußufer standen Truppen hinter den ungefähr 400 m von der Uferböschung entfernten Hecken.

Die Themse-Kontrollbehörde hatte flußabwärts die Schleuse geschlossen unterhalb des Hotels »Zum vollständigen Angler«. Das Hotel selbst war geräumt und nun Anders' Operations- und Verbindungsstelle. Auch flußaufwärts war die Schleuse geschlossen und beide Ufer von Soldaten besetzt.

Etwas nördlich von Marlow lag Booker, ein ehemaliger Flugplatz der R.A.F., der nur noch für leichte Maschinen benutzt wurde. Jetzt befanden sich dort zwei Hubschrauber und eine mobile Funkeinheit in einem Caravan.

Es war fast sieben Uhr dreißig, als Anders die Offiziere der Infanterieeinheit eingewiesen hatte. Bill MacDonald kam mit den letzten Berichten des Überwachungsteams in dem Schleusenwärterhäuschen. Anders fiel auf, daß das Mädchen drei Tage lang nicht gesehen worden war und daß sich am letzten Abend außer den beiden Franzosen fünfundzwanzig Männer in dem Mill House aufgehalten hatten. Rudenko war beobachtet worden, wie er offensichtlich die Grenzen des Besitzes überprüfte. Er hatte mehrere Male mit dem Fernglas nach dem Schleusenwärterhäuschen und dem Steg über das Wehr hinübergesehen.

An dem Bootsliegeplatz bei der Marlow-Brücke besichtigten Anders, MacDonald und zwei der Infanterieoffiziere ein 32 Fuß langes Fjord-Diplomat-Motorboot mit zwei Volvo-Motoren von je 150 PS. Auf offener See konnte es leicht 27 Knoten machen, auf dem Fluß gab es eine Geschwindigkeitsbeschränkung von 7 Knoten. Im Cockpit befand sich ein Funkgerät, zehn Männer konnten sich dort aufhalten, ohne die Steuerung zu beeinträchtigen.

Von dem Bootsliegeplatz ging Anders über die leere Hauptstraße zurück zum »Vollständigen Angler«. Auf dem großen Parkplatz sah er mehrere gepanzerte Fahrzeuge, mit leichten Maschinengewehren ausgerüstet.

Er rief die Pimplico-Nummer an, und Sanders sagte, daß zwischen dem Mill House und Moskau und auch zur russischen Botschaft in London Funkverkehr gewesen sei. Er sei noch nicht dechiffriert.

Am Ende des langen Tisches war eine Schalttafel aufgebaut, und Anders schaltete die Lautsprecher ein. Die Truppe benutzte Telefon und nicht Morse, und man versuchte auch nicht, die Berichte und Befehle zu verschlüsseln. Von einem dem Mill House gegenüberliegenden Waldrand berichtete ein Offizier von ersten Lebenszeichen im Haus. Plötzlich wurde die Stimme leiser, aber schneller: »Alpha ruft Delta. Einer von ihnen steigt in einen Wagen, einen weißen Mini, Nummer Oscar Tango Yankee sieben sechs neun vier, wiederhole Autonummer...«

Noch während Anders zuhörte, kam der Mini aus der großen Ausfahrt und bog nach rechts in die Straße nach Marlow. Sie stoppten ihn erst auf der Brücke und winkten ihn auf den Parkplatz des »Vollständigen Angler«. Anders ging zum Fenster und sah den Mann mit einem jungen Hauptmann debattieren, während der Unteroffizier zusah. Es war Loussier, und der Hauptmann nahm ihn beim Arm und führte ihn zum Hoteleingang.

Anders befahl, den Mann in das kleine Nebengebäude zu bringen, wo er ihn von dem Hauptmann übernahm.

»Setzen Sie sich, Loussier.«

»Ich protestiere. Warum werde ich festgehalten? Ich bin ein Tourist und ich verlange . . .«, er schrie auf. Es war kein heftiger Stoß gewesen, aber er war gerade an der Innenseite der Kniescheibe gelandet. Anders wartete, bis der Mann sich gefaßt hatte.

»Wohin wollten Sie gehen?«

Loussier blickte auf, sein Gesicht war von Schmerzen und Angst verzerrt. »Was bedeutet das alles, was geht hier vor?«

»Es ist das Ende der Operation Schneeball, Loussier. Sie sind verhaftet, und es werden Ihnen eine Reihe strafbarer Handlungen vorgeworfen. Jetzt möchte ich einige Informationen von Ihnen und ich denke, Sie sind alt genug, um keine Ausflüchte mehr zu machen. Wir haben nicht die Absicht, Sie besonders zu malträtieren, werden aber nicht davor zurückschrecken, wenn Sie nicht kooperieren.«

Loussier sagte kein Wort, aber sein Mund stand offen, und er atmete schnell und flach.

»Wohin wollten Sie gehen?«

»Zur Post.«

»Warum?«

»Um Post abzuholen.«

»Wer hat den Oberbefehl im Mill House?«

»Der Russe.«

»Sie meinen Rudenko?«

Loussier blickte erstaunt und noch erschrockener, daß Anders den Namen wußte. Er nickte: »Ja, Rudenko.«

»Was soll heute passieren?«

»Das weiß niemand. Rudenko ist argwöhnisch. Er glaubt, jemand beobachtet uns aus dem Haus auf dem Wehr.«

»Wo ist das Mädchen?«

Loussier fuhr mit der Hand zum Mund und sagte ruhig: »In einem Keller auf der Rückseite des Hauses, wo es zum Fluß hinunter geht.«

»Ist sie ständig bewacht?«

Er nickte. »Jetzt ja. Rudenko ist ihr gegenüber sehr mißtrauisch. Er hat gesagt, wenn irgend etwas schiefläuft, beweist das, daß sie uns untergeschoben worden ist.«

»Ist sie allein?«

»Meistens, außer einer Wache.«

»Wo hält der sich auf?«

»Er sitzt in dem Raum.«

»Wie oft wird er abgelöst?«

»Alle zwei Stunden.«

»Wie kommt man in den Keller?«

»Es gibt in dem Gang bei der Küche eine Tür und eine Treppe.«

»Wie viele Männer sind augenblicklich in dem Haus?«

»Ich habe keine Ahnung. Alle Zimmer sind voll belegt, und es gibt längst nicht genug Betten.«

»Wo schläft Rudenko?«

»Er hat ein Zimmer auf dem Boden. Dort schläft und arbeitet er.«

»Sind sie alle Russen?«

»Es sind einige Polen darunter, zwei Iren, ein Engländer und noch ein Franzose.«

»Sie meinen Firette?«

Loussier nickte.

»Wann werden Sie zurückerwartet?«

»Ich bin meistens nicht länger als eine Stunde weg.«

Ungefähr um elf Uhr dreißig verließen vier Männer das Haus und fuhren in einem grauen Volvo weg. Die Soldaten hielten ihn erst an, als er schon beinahe an der Umgehungsstraße war. Ein Mann sprach schlechtes Englisch, und als er aussteigen sollte, zog ein anderer auf dem Rücksitz einen Revolver und legte ihn auf den Rand der Tür. Dabei stieß er einige Worte auf Russisch aus, die der Soldat nicht verstand. Der Unteroffizier, der von hinten an den Wagen herangetreten war, drückte die Mündung seines Gewehres und den scharfen Schulterriemen auf den Finger des Mannes und quetschte sie an die Metalltür. Einer der Insassen rannte auf das Flußufer zu und wurde von einem Scharfschützen getroffen. Er starb, ehe er in den Krankenwagen gebracht wurde. Die anderen Männer wurden zu Anders geführt. Er musterte sie nacheinander und schickte sie dann in einem Polizeiwagen ins Gefängnis von Reading.

Offensichtlich waren die Männer ausgeschickt worden, um nach dem Mini zu suchen. Man hatte ihnen Waffen gegeben und sie angewiesen, Widerstand zu leisten, wenn sie von der Polizei gestoppt würden. Keiner hatte ihnen gesagt, was sie tun sollten, wenn sie von Soldaten angehalten würden. Der eine auf dem Rücksitz mit der Luger konnte nicht die Uniform eines Soldaten von der eines Polizisten unterscheiden, was er mit seinen vier zerquetschten Fingern beweisen konnte.

Um 12 Uhr 30 traten zwei Männer aus dem Eingangstor und blickten den Weg hinauf zu der Straße nach Marlow. Ab und zu fiel ein Wort, und dann stampften sie mit den Füßen auf, als ob ihnen kalt wäre. Sie blickten über die Felder, den Hügel hinauf zu der Hauptstraße und gingen dann langsam den Pfad hinunter zu der Bootsanlegestelle, von wo sie einen freien Blick auf das Wehr hatten. Dann gingen sie gemächlich zwischen den geparkten Wagen zum Haupteingang zurück.

Fünfzehn Minuten später erschien Rudenko an den oberen Fenstern. In jedem Zimmer blickte er durch den Feldstecher und suchte Felder, Wege und Hecken ab. Zehn Minuten nach dieser Inspektion war hinter jedem Fenster ein bewaffneter Mann postiert. Anders stellte fest, daß dazu ungefähr die Hälfte der Besatzung nötig war. Ein Mann hatte in einem geparkten Wagen Posten bezogen und ein anderer drehte langsam seine Runden über den Rasen mit einem Maschinengewehr über der Schulter.

Im Laufe des Nachmittags rief Commander Bryant an und teilte mit, daß alle Zivilisten und Diplomaten auf Anders' Liste verhaftet worden seien. Bisher seien noch keine Beschwerden weder von der polnischen noch der russischen Botschaft eingegangen. Weder im Rundfunk noch im Fernsehen wurden die Straßensperrungen im Themsetal erwähnt.

Der militärische Einsatzleiter empfahl Anders und MacDonald, vor morgen früh nichts zu unternehmen. »Sie sind nun alarmbereit, und das bedeutet, daß mindestens die Hälfte von ihnen morgen müde ist. Jetzt kämen wir in die Dunkelheit, und dafür bin ich nicht, es sei denn, Sie sähen es als absolut notwendig an.«

»Wie lange, glauben Sie, wird es dauern, mit ihnen fertig zu werden?«

»Da ist das Problem der großen Menge Sprengstoff. Wenn das nicht wäre, könnten wir in zehn Minuten drinnen sein und aufräumen. Aber wir können nur kleine Waffen einsetzen, und das bedeutet drei bis vier Stunden, wenn wir unsere Ausfälle niedrig halten wollen. Außerdem soll doch ein Mädchen gefangengehalten werden – könnte sie als Geisel benutzt werden?«

»Ja, das würden sie machen.«

»Und wie sollen wir uns da verhalten?«

MacDonald sah, wie Anders nachdachte, und überließ es ihm zu sprechen. »MacDonald und ich werden das Mädchen herausholen, ehe Sie angreifen.«

»Schön und gut, Major Anders, wenn Sie das wollen. Wir werden mit dem ersten Tageslicht angreifen, ungefähr um 7 Uhr 05. Wie lange wollen Sie in dem Haus bleiben?«

»Das kann ich noch nicht sagen. Wir werden rote Leuchtmunition schießen, wenn wir das Haus verlassen haben. Wenn Sie bis 7 Uhr 05 noch kein Zeichen erhalten haben, dann greifen Sie trotzdem an.«

»Gut, wir werden hier unsere Uhren um 2 Uhr vergleichen, wenn es Ihnen recht ist.«

Die einzige Möglichkeit für Anders und MacDonald, sich dem Haus zu nähern und das Mädchen aus dem bewachten Keller herauszuholen, konnte nach Lage der Dinge und Anlage des Hauses nur vom Fluß aus geschehen. Man beschloß, einen der typischen flachen grünen Themsekähne zu nehmen und ihn hinter einer Flußbiegung, vom Haus nicht einsehbar, ins Wasser zu lassen.

Ehe es dunkel wurde, fuhr Anders zu der Stelle und untersuchte das Flußufer, das sie in der Dunkelheit würden passieren müssen. Es gab viele überhängende Äste, die gute Deckung boten, aber auch sehr hinderlich sein könnten, wenn sie zu tief hingen.

Auf dem Rückweg machte Anders in Marlow halt. Polizisten und Soldaten patrouillierten in den Straßen, um Plünderungen zu verhindern. Der Premierminister hatte persönlich die örtlichen Behörden veranlaßt, die Stadt zu evakuieren. Die Kinder hatten schulfrei bekommen, und alle Läden waren geschlossen. Die Straßen waren leer.

Als er zu seiner Kommandostelle im »Vollständigen Angler« zurückkam, lag ein Bericht aus dem Schleusenwärterhäuschen vor. Einer der Russen hatte in eine Fensterscheibe geschossen, und die Video-Kamera war getroffen worden. Man hielt es für eine Trotzreaktion eines Russen, der in einem tief einfallenden Strahl der untergehenden Sonne die Spiegellinse der Kamera hatte aufblitzen sehen, als sie in eine neue Position geschwenkt wurde. Es war nicht zurückgeschossen und auch kein Versuch gemacht worden, die Scheibe zu ersetzen.

Während Anders und MacDonald aßen, meldete ein Leutnant, daß zwei Russen an zwei verschiedenen Stellen gefangen worden waren. Offensichtlich waren sie ausgeschickt worden, um zu erkunden, wo die nächsten Patrouillen postiert waren. Der eine hatte das Pech, in einer Hecke an der Straße nach Marlow auf ein Marineinfanteriekommando zu stoßen. Ihm wurde lautlos und säuberlich die Kehle durchschnitten. Er hatte ein geschwärztes Gesicht und trug keine Papiere bei sich. Der andere war sozusagen unter Freunde gefallen und hatte nur einen gebrochenen Arm davongetragen. Anders ließ ihn sich vorführen.

Er war einer der KGB-Männer, die in Cardiff an Land gegangen waren. Der gebrochene rechte Arm hing schlaff herunter, und sein Khakihemd war blutig. Offensichtlich hatte er Schmerzen, Schweißtropfen standen auf seiner Stirn. Anders zeigte auf einen Stuhl, aber der begleitende Unteroffizier hielt seine Waffe auf ihn gerichtet.

Anders sprach ihn russisch an. »Was war Ihre Aufgabe?«
»Die Soldaten finden und Bericht erstatten.«
»Rudenko?«
Der Mann blickte erstaunt. »Ja, kennen Sie ihn?«
»Was geht im Hause vor?«
»Alle Männer sind bewaffnet, und jeder Raum wird verteidigt. Sie werden großen Schaden anrichten. Man erwartet Sie.«
»Wo hält sich Rudenko auf?«
Der Russe schüttelte den Kopf. »Er bleibt nicht an einem Ort, er ist sehr aktiv und geht von einem Raum in den anderen. Er hat eine Reihe guter Fighter dabei.«
»Wann erwarten Sie den Angriff?«
»Zuerst dachte er heute bei Sonnenuntergang. Nun glaubt er, morgen früh bei Tagesanbruch.«
Anders sah den Unteroffizier an. »Danke, Unteroffizier. Sagen Sie auch dem Leutnant meinen Dank, und dieser Mann hier sollte in das Krankenhaus von Wormwood Scrubs gebracht werden.«

Als der Mann aufstand, hatte Anders irgendwie den Eindruck, als ob er ein längeres Verhör erwartet hätte. Vielleicht wußten sie ja nicht, wieviel schon bekannt war, aber sein Instinkt ließ ihn noch eine weitere Frage stellen.

»Was sollten Sie sagen, wenn Sie abgefangen würden?«
Der Mann lehnte sich schwer gegen einen Tisch an der Wand. »Heute nachmittag brachte Rudenko allerhand aus dem Mäd-

chen heraus, und er sagte: ›Sagt ihnen, daß sie mit uns sterben wird, und zwar beim ersten Angriff.‹ Das ist alles.«

»Was hat er herausgefunden?«

Der Mann zuckte die Schultern. »Ich weiß keine Einzelheiten. Ich weiß nur, daß er herausfand, daß sie ein britischer Spion ist.«

Schweigend sah Anders den Mann eine Weile an. Er konnte die Frage nicht über die Lippen bringen, aber er mußte die Antwort wissen, und schließlich fragte er: »Wie hat es Rudenko herausgefunden?«

Der Mann blutete noch aus dem Mund und schluckte, bevor er antwortete. Er sprach leise und langsam, es war beinahe ein Flüstern: »Er setzte die Männer auf sie an, die sie viele Male mißbrauchten. Dann redete sie.«

26

Man hatte den Kahn bis zur Kirchhofsmauer von Bisham gebracht. Uhren waren verglichen und synchronisiert worden, und MacDonald und Anders hatten ein paar Stunden geschlafen.

Der Fluß war spiegelglatt, kein Wind. Ein paar Vögel flatterten und piepten, und ab und zu sprang ein Fisch mit einem Plumps hoch. Das leise Brausen des Wehrs schien aus weiter Ferne zu kommen.

MacDonald hatte ein kleines, aber starkes Polizeisprechfunkgerät und eine Pistole mit sechs Leuchtpatronen. Eine Luger und die dazugehörige Munition lagen auf einer der Querbänke. Ein kleiner Außenbordmotor befand sich im Fischbehälter des Kahns, und MacDonald würde ihn anbringen, während Anders an Land war, damit sie schnell in den Schutz der Schleuse gelangen konnten.

Auch Anders hatte eine Pistole und ein am rechten Bein festgebundenes Messer. Sie saßen eine Weile ruhig im Boot, und dann sagte Anders: »Also, Mac, los!«

Sie stießen sich mit den Paddeln vom Ufer ab und machten dann ruhige, tiefe Schläge. Es waren nur ungefähr vier Kilometer zurückzulegen, aber sie brauchten dazu eine Stunde, ehe sie an der Stelle waren, wo der Garten des Mill House mit einem schmalen Stück bis ans Wasser reichte. Das Wehr rauschte nun laut und ununterbrochen. Mac sprach dicht an Anders' Ohr: »Viel Glück, Tad, aber warte, bis sich deine Ohren an dieses Getöse gewöhnt haben.« Anders nickte, und Mac hielt mit dem

Kahn aufs Ufer zu. Vorsichtig stand Anders auf und ging an Land. Regungslos blieb er unter einer Weide stehen. Er konnte die Lichter im Haus sehen. Jeder Raum war erleuchtet, und er konnte sogar Geräusche hören, als ob dort eine Party wäre. Vorsichtig bewegte er sich auf dem weichen Rasen auf das Haus zu. Dann hörte man Radio, und er konnte die russischen Nachrichten von Radio Moskau verstehen. Er war stehengeblieben, und da geschah es. Die Waffe wurde ihm in den Rücken gestoßen und eine Stimme sagte auf russisch: »Keine Bewegung, Freund. Hände hoch und langsam auf die Tür zugehen, dort die offene Tür an der Rückseite des Hauses.«

Anders machte zwei große Schritte, und die Waffe blieb fest gegen seine Nieren gepreßt, und da wußte er, daß er davonkommen würde. Der Mann war nicht trainiert. Sie hatten eine Woche geübt, wie man mit einer Waffe im Rücken loskommt, und während der beiden letzten Tage wurde scharfe Munition verwandt. Und dann ist es leicht, man muß nur die Mündung fest im Rücken haben, schon 30 cm entfernt wird es schwieriger, und bei einer Entfernung von einem Meter muß man eine ganz andere Technik lernen. Aber diese Waffe steckte fest in seinem Rücken. Anders drehte sich um, umschloß mit einer Hand den Arm des Mannes mit dem Gewehr und legte mit der gleichen schnellen Bewegung seine andere Hand auf des Mannes Luftröhre. Mit der linken Hand fuhr er ihm dann über den Mund und drückte hart gegen den Mittelknorpel seiner Nase. Man hörte ein ersticktes Geräusch, und dann flüsterte Anders: »Wo ist das Mädchen, Genosse?«

Der Mann wehrte sich wie rasend, und Anders bog den Arm mit der Waffe so weit hoch, daß er am Ellenbogen oder an der Schulter zu brechen drohte. Er stöhnte bei jedem Atemzug, und Anders lief es kalt den Rücken herunter, weil ihm plötzlich klar wurde, warum der Mann solche Angst hatte. Er zog den Arm höher, und es knackte wie ein Hühnerbein, laut und widerlich. Halb erstickt brachte der Mann heraus: »Sie ist tot, Genosse. Sie haben sie vor einer Stunde umgebracht.« Anders zog weiter, aber es war sinnlos, denn das Schultergelenk war herausgesprungen und wurde nur noch von den Bändern gehalten. »Wo ist sie, verdammter Kerl? Wo ist sie?«

Der Mann zitterte. »Vor einer Stunde haben sie sie ins Wehr geworfen«, sein Kopf fiel nach vorn. Als sein Körper zusammensackte, trat Anders zurück und ließ ihn fallen. Im Mondlicht sah man sein weißes Gesicht mit den starren Augen und dem weit offenen Mund. Anders kniete hin, legte seine große linke Hand über den Mund des Mannes und stieß sein Messer in den linken Brustkorb. Er mußte sich zwingen, nicht immer wieder zuzustoßen. Er stand auf und legte sein Gesicht gegen die kühle glatte Rinde eines Baumes. Er fühlte sich so elend, daß er am liebsten die Augen nie mehr aufgemacht hätte. Dann hörte er aus der Nähe Macs Rufe.

»Tad, bist du da?« Dann erkannte er Tad. »Um Gottes willen, Tad, was ist los? Was ist geschehen?«

Tad richtete sich auf und blickte zum Mond empor. »Sie haben sie umgebracht, Mac, sie haben sie umgebracht und ins Wehr geworfen.«

»Weißt du das bestimmt, Tad?«

»Ganz bestimmt, Mac.« Seine Arme hingen herunter und er hielt noch das Messer in der Hand. »Gehen wir, Mac. Die Leuchtpatronen können wir sparen. Wir brauchen sie nicht, wir können einfach zu der Schleuse hinüberstaken.«

Und fünfzehn Minuten später half man ihnen die eisernen Sprossen an der tiefen Schleusenkammer empor.

Das Team in dem Schleusenwärterhäuschen telefonierte mit der Kommandostelle im »Vollständigen Angler«. Fünf Minuten später gingen Leuchtpatronen über Marlow in die Luft und schienen dort eine lange Weile stehenzubleiben. Dann hörte man, wie die ersten Geschosse das Mill House trafen, und Anders beobachtete, wie Leuchtspurmunition ihren Weg zu den oberen Räumen fand. Männer, die in Panik in den Garten gerannt waren, brachen in dem hämmernden Maschinengewehrfeuer vom anderen Flußufer zusammen. Aber die Männer an den Fenstern schossen zurück, und es gab keine Anzeichen, daß sie sich ergeben wollten. Alle Fensterscheiben an dem Schleusenwärterhaus waren zerschossen, und die Ziegel flogen vom Dach. Dann nahm einer der Funker seine Kopfhörer ab und reichte sie Anders. »Sie wollen Sie persönlich sprechen, Sir.«

Anders nahm einen Hörer und drückte ihn ans Ohr, den anderen ließ er herunterhängen. Er nahm ein Handmikrophon und drückte auf den Knopf: »Hier spricht Anders.«

»Hier ist Oberst Gray, Major Anders. Über Funk wurde mir gerade aus Marlow gemeldet, daß der Polizeichef dort einen Mann sah, den er nicht kannte. Er hielt ihn an, aber der Mann schlug ihn nieder und entkam. Nach der Beschreibung könnte es der Bursche Rudenko sein, und wir dachten, daß wir es Ihnen lieber mitteilen. Wir möchten ihn nicht über den Haufen schießen, wenn Sie ihn vielleicht lebendig wollen.«

Anders' Gesicht war unbeweglich. »Wie lange ist das her?«
»Ungefähr sechs bis sieben Minuten.«
»Wo?«
»In der High Street, im Eingang zu der Wiener Kaffee-Bar. Der Mann war naß bis zu den Knien.«
»In Ordnung, Oberst. Überlassen Sie ihn mir. Teilen Sie Ihren Leuten mit, daß ich hinkomme, ich möchte, daß niemand auf der Straße ist. Wenn sich jemand bewegt, werde ich annehmen, es ist Rudenko und schießen.«
»Wollen Sie Feuerschutz von uns, Major?«
»Besteht die Möglichkeit, daß er die Absperrung durchbricht?«
»Nicht die geringste, es wird ja jetzt jede Minute heller.«
»Also dann überlassen Sie ihn mir. Ich werde mich mit Ihnen in Verbindung setzen, wenn ich Hilfe brauche.«
»Verstanden. Aus.«

Während des Gesprächs hatte Anders erkannt, was geschehen war. Rudenko wollte nicht riskieren, geschnappt zu werden. Er war also flußabwärts gegangen, noch gedeckt von dem Nebel, und hatte das Dinghi genommen, das in der kleinen Bucht vertäut war.

Anders ließ sich von Mac zu der ersten Straßensperre in West Street bringen. Der Hauptmann dort ließ sie zur Seite räumen, und sie fuhren weiter bis zu einem Platz in der Mitte der Stadt. Den Einheiten dort war per Funk mitgeteilt worden, daß sie kamen.

Als sie zu dem Kommandoposten hinübergingen, blieb Anders plötzlich stehen und wandte sich zu MacDonald: »Mac, willst du etwas für mich tun?« Mac nickte und sagte: »Ja, Tad, ich soll das Mädchen suchen.« Anders nickte und ging dann alleine zu der Gruppe an dem Funkgerät. Ein etwas dicklicher älterer Hauptmann nahm nach einer Weile die Kopfhörer ab und sagte mit einem breiten Lächeln: »Eben kam durch, daß die Sache am Mill House zu Ende ist. Sieben sind tot, zehn reif fürs Krankenhaus und die anderen haben nichts abgekriegt. Wir haben keinen Ausfall, war eine gelungene Sache, würde ich sagen.« Sein Lächeln verging, als er Anders' Gesicht sah, und er sagte schnell: »Ich soll Ihnen sagen, daß sie den Russen bei dem Kino ausgemacht haben.«

Anders ließ sich eine Walther-Pistole mit zwei zusätzlichen Magazinen geben und wandte sich an den Hauptmann: »Ich möchte nicht, daß irgend jemand eingreift, Hauptmann. Geben Sie diesen Befehl weiter.« Und damit ging er.

Die Hauptstraßen der Stadt verliefen wie ein T, und Anders ging jetzt den kurzen westlichen Balken entlang. An der Post blieb er stehen und lauschte, kein Laut war zu hören. Dann kam er zu einer Seitenstraße, und ungefähr dreihundert Meter entfernt lag das Kino. Er duckte sich und streckte vorsichtig den Kopf vor, um zu sehen, ob die Straße frei war. Nichts bewegte sich, und mit einem Sprung war er auf der anderen Seite. Als er sich an den Hauswänden entlang schob, pfiff eine Kugel durch das Laubwerk des wilden Weins und zerschlug eine große Glastür des Kinos. Dann sah er Rudenko, der eine schmale Sackgasse hinunter zum Fluß gelaufen war, wo an einem seicht abfallenden Ufer Dinghis vertäut werden konnten. Er stand über ein Boot gebeugt und versuchte mit einer Hand einen kleinen Außenbordmotor in Gang zu setzen, während die andere die Waffe hielt.

Er zog an der Leine, aber der Motor stotterte nur und verstummte wieder. Anders' erster Schuß war zu hoch und traf nur den Zylinderblock des Motors. Auch der zweite war noch zu hoch, aber eine schwarze Rauchwolke stieg auf und danach eine kleine orangefarbene Flamme. Der nächste Schuß traf das Boot genau an der Wasserlinie, und es begann schnell zu sinken. Rudenko schoß zweimal zurück, aber weit daneben. Dann kletterte er das Ufer hoch über eine niedrige Gartenmauer. Anders ahnte, wohin er wollte, und lief durch eine Seitenstraße zur Pfarrkirche und auf den Friedhof, wo er sich hinter einen Grabstein hockte.

Zehn lange Minuten mußte er warten, bis sich Rudenko bewegte und links von Anders ein Stein herunterfiel. Er verhielt sich noch eine Weile unbeweglich und sah dann durch eine schützende Wand von hohem Gras und wilden Scabiosen, daß Rudenko nur ungefähr fünfzig Meter von ihm entfernt war. Er blickte in die andere Richtung, weil er annahm, daß Anders ihm durch die kleine Straße und über die Gartenmauer gefolgt war. Rudenkos rechte Hand ruhte mit der Waffe auf einem marmornen Grabstein, während er die lange niedrige Mauer im Auge behielt. Gerade als er über die Schulter zurückblicken wollte, schoß Anders. Der erste Schuß ging in Rudenkos rechte Hand, und die Pistole fiel trudelnd einige Meter entfernt in das hohe

Gras. Der zweite traf den Stein, und ein Marmorsplitter schlitzte Rudenkos Backe auf. Er schien des herausstürzenden Blutes nicht zu achten, sondern ließ Anders nicht aus den Augen, der auf ihn zukam. Vielleicht hatte er das Aufblitzen des Messers gesehen, ehe es in ihn hineinfuhr, aber das war alles. Anders war wie ein wildes Tier und schien taub gegenüber Macs Rufen, der durch den Friedhof auf ihn zugelaufen kam. Er hielt Rudenko immer noch fest, als Mac ihn erreichte und den Arm wegriß: »Nicht weiter, Tad, nicht mehr, es ist schrecklich«, und er blickte in Anders' wildes verzerrtes Gesicht, über das die Tränen strömten. Dann führte er ihn am Arm heraus, über die Brücke in ein Hotel. »Raus«, schrie er die gaffenden Soldaten an, »raus, ihr Idioten.«

An den Tilbury Docks war eine Reihe Fahrzeuge längsseits der »Batory« aufgefahren, die für eine Ostseekreuzfahrt bis Leningrad Passagiere an Bord nahm. Ein Arzt übergab Krankenberichte von vier nicht gehfähigen Verletzten. Commander Bryant übergab den Inhalt von zwei grünen Minnas. Die Särge waren schon früher an Bord gebracht worden, damit die Passagiere nicht beunruhigt würden. Niemand war sehr gesprächig, aber es gab auch keine Reibereien.

MacDonald hatte einige unmißverständliche Worte in die verschiedensten Richtungen losgelassen, was einem Soldaten alles passieren würde, der behaupten wollte, er hätte unmögliche Dinge gesehen. Und er hatte Anders wieder in Form gebracht, ihn in eine Uniform gesteckt und ihm einen Schuß Amphetamine verpaßt. Sir John Walker hatte alle Beteiligten beglückwünscht und Anders einige Wochen Urlaub vorgeschlagen.

Um zwei Uhr nachts lief der Apparat noch, aber die Musik war schon vor zwei Stunden zu Ende gegangen. Anders schlief, und ein Arm hing aus seinem Bett heraus. Er war nicht in seinem Zimmer, sondern nebenan. In der Nähe seiner Hand lag ein Zettel auf dem Boden, auf dem stand: »Ich habe getan, worum du mich gebeten hast. Es ist besser, du fragst nicht weiter nach. Grüße Mac.«

Auf dem Nachttisch stand eine Vase mit einem Dutzend roter Rosen. Einige Blütenblätter waren schon heruntergefallen, und die Rosen ließen die Köpfe hängen. Sie waren schon verwelkt, aber noch nicht ganz.

Ullstein Krimis

»Bestechen durch ihre Vielfalt«
(Westfälische Rundschau)

Ruth Rendell
Mord ist des Rätsels Lösung
(1898)

Bob Langley
Hetzjagd mit dem Tod (1899)

Carter Brown
Die Sklavin mit den Mandelaugen
(1900)

Alfred Hitchcocks
Kriminalmagazin Band 96 (1901)

James Hadley Chase
Vier Asse auf einmal (1902)

Ellery Queen
Das rächende Dorf (1903)

Michael Butterworth
Grauen unter Zypressen (1904)

Nick Carter
Kein Lösegeld fürs Superhirn
(1905)

Erle Stanley Gardner
*Perry Mason und das fliegende
Gift* (1906)

Alfred Hitchcocks
Kriminalmagazin Band 97 (1907)

Carter Brown
*Schwere Last mit leichten
Mädchen* (1908)

Ted Allbeury
Quadrille mit tödlichem Ausgang
(1909)

John Creasey
Tatort Themse (1910)

Andrew York
Ein Killer in den eigenen Reihen
(1911)

James Hadley Chase
Brillanten für die Bestie
(1912)

Alfred Hitchcocks
Kriminalmagazin Band 98 (1913)

Ed McBain
Lange nicht gesehen (1914)

Ellery Queen
Riskante Show (1915)

Ruth Rendell
Schuld verjährt nicht (1916)

Nick Carter
Schußfahrt in den Tod (1917)

Carter Brown
Der Mann im Karton (1918)

Alfred Hitchcocks
Kriminalmagazin Band 99 (1919)

Peter Way
Fallen für stählerne Vögel (1920)

Jay Bennett
Alles Gute für den Mörder (1921)

Ed McBain
Versteckspiel mit Damen (1922)

Ted Allbeury
Operation Schneeball (1923)

Erle Stanley Gardner
*Perry Mason
und der Tote im Park* (1924)

Alfred Hitchcocks
Kriminalmagazin Band 100 (1925)

ein Ullstein Buch